Lire et écrire

La composition par le texte

Cahier de l'étudiant

Révisions de grammaire et exercices, modèles de production écrite, corrigé des exercices du Cahier de l'étudiant, corrigé des exercices du manuel et sujets de composition

---

Sadia Zoubir-Shaw

Toronto | Vancouver

Lire et écrire : la composition par le texte
Cahier de l'étudiant

Sadia Zoubir-Shaw

First published in 2017 by
Canadian Scholars
425 Adelaide Street West, Suite 200
Toronto, Ontario
M5V 3C1

www.canadianscholars.ca

Copyright © 2017 Sadia Zoubir-Shaw and Canadian Scholars. All rights reserved. No part of this publication may be photocopied, reproduced, stored in a retrieval system, or transmitted, in any form or by any means, electronic, mechanical, or otherwise, without the written permission of Canadian Scholars, except for brief passages quoted for review purposes. In the case of photocopying, a licence may be obtained from Access Copyright: 320-56 Wellesley Street West, Toronto, Ontario M5S 2S3, (416) 868-1620, fax (416) 868-1621, toll-free 1-800-893-5777, www.accesscopyright.ca.

Every reasonable effort has been made to identify copyright holders. Canadian Scholars would be pleased to have any errors or omissions brought to its attention.

17   18   19   20   21   5   4   3   2   1

Printed and bound in Canada by Webcom.

TABLE DES MATIÈRES

A. Révisions de grammaire et exercices   1

Chapitre 1 : Pourquoi écrire?   1
- Les formes interrogatives   1
- Les prépositions   4
- Le comparatif et le superlatif   7

Chapitre 2 : Le portrait   10
- Les adjectifs : l'accord et la place   10
- Les adjectifs : sens littéral et sens figuré   13
- Les pronoms d'objet direct et indirect   15

Chapitre 3 : La description générale   18
- L'imparfait, le passé composé et le passé simple   19
- Les verbes de localisation et de mouvement   20
- Les repères temporels et les prépositions de temps   21

Chapitre 4 : La narration   23
- La concordance des temps du passé   23
- Le discours indirect ou discours rapporté   25
- Les locutions, les conjonctions et les prépositions utiles pour la narration   28

Chapitre 5 : Le compte rendu   30
- Les pronoms relatifs   30
- La réduction des propositions subordonnées   33
- La voix passive et la voix active   36

Chapitre 6 : La correspondance   38
- Les phrases avec « si »   38
- Les locutions du subjonctif   40
- Le participe passé   42

Chapitre 7 : L'explication de texte et le commentaire composé   44
- Le « ne » explétif et ses usages   44
- Les locutions et les conjonctions de causalité et de conséquence   46
- Les locutions et les conjonctions de confirmation et de restriction   48

Chapitre 8 : La dissertation   50
- Le participe présent simple et le participe présent composé   50
- Le gérondif présent et le gérondif passé   52
- Les connecteurs de l'argumentation   55

B. Modèles de production écrite   57

Explications de texte   57
- Guillaume Apollinaire - Le Pont Mirabeau   57
- Émile Nelligan – Soir d'hiver   60

Commentaire de texte   62
- Louis Aragon – Que serais-je sans toi (Le Roman inachevé)   62

Dissertations   65
- Jean Rostand – L'Homme   65
- Les artistes contre la tour Eiffel – Lettre ouverte à M. Alphand   67
- Albert Camus – Le siècle de la peur   70

C. Corrigé des exercices du Cahier de l'étudiant   73

A. RÉVISIONS DE GRAMMAIRE ET EXERCICES

CHAPITRE 1 : POURQUOI ÉCRIRE?

La révision des points de grammaire suivants est essentielle aux activités proposées dans le chapitre 1 du manuel de classe. Le retour sur les formes interrogatives vous permettra de faire une interview ou de poser des questions à vos camarades de classe, le rappel de l'usage des prépositions vous aidera à situer votre discours, et la révision des formes comparatives et superlatives vous permettra de comparer et contraster vos propos à l'écrit comme à l'oral.

Les formes interrogatives

1. Les pronoms interrogatifs

Vous connaissez déjà bien les formes interrogatives de base construites avec « est-ce que », « n'est-ce pas », l'inversion du sujet et du verbe et l'intonation. D'autres pronoms interrogatifs plus complexes demandent une petite révision de leurs diverses formes et emplois. Le tableau qui suit devrait vous permettre de remettre vos connaissances à jour.

Les pronoms interrogatifs		
Fonctions	**Personnes**	**Choses**
Sujet	**qui** → *Qui a téléphoné?* **qui est-ce qui** → *Qui est-ce qui a téléphoné?*	**qu'est-ce qui** → *Qu'est ce qui fait ce drôle de bruit?*
Objet direct	**qui** → *Qui doit-il rencontrer?* **qui est-ce que** → *Qui est-ce qu'il doit rencontrer?*	**qu'est-ce que** → *Qu'est-ce que tu as vu dans la cave?*
Objet de prépositions comme : à, de, avec, pour, dans, sous, sur, etc.	**à qui** → *À qui a-t-elle offert ce stylo?* **à qui est-ce que** → *À qui est-ce qu'elle a offert ce stylo?*	**à quoi** → *À quoi pense-t-il?* **à quoi est-ce que** → *À quoi est-ce qu'il pense?*
	de qui → *De qui êtes-vous tombé amoureux?* **de qui est-ce que** → *De qui est-ce que vous êtes tombé amoureux?*	**de quoi** → *De quoi parlez-vous à la réunion?* **de quoi est-ce que** → *De quoi est-ce que vous parlez à la réunion?*
	avec qui → *Avec qui préfères-tu voyager?* **avec qui est-ce que** → *Avec qui est-ce que tu préfères voyager?*	**avec quoi** → *Avec quoi cuisines-tu tes haricots?* **avec quoi est-ce que** → *Avec quoi est-ce que tu cuisines tes haricots?*

2. Les adverbes interrogatifs

Les adverbes interrogatifs « où », « quand », « comment », « combien » et « pourquoi » sont utilisés avec la forme « est-ce que » ou l'inversion si le verbe n'a pas de complément d'objet direct.

- **Où** as-tu rangé mon sac? → **Où est-ce que** tu as rangé mon sac?
- **Quand** viendrez-vous me voir? → **Quand est-ce que** vous viendrez me voir?
- **Comment** s'appelle son chat? → **Comment est-ce que** son chat s'appelle?
- **Combien** vous coute ce trajet? → **Combien est-ce que** ce trajet vous coute?
- **Pourquoi** est-elle partie si vite? → **Pourquoi est-ce qu'**elle est partie si vite?

3. Le pronom interrogatif « lequel »

Le pronom interrogatif de choix « lequel » s'accorde en genre et en nombre avec le nom qu'il remplace (lequel/lesquels, laquelle/lesquelles) et se contracte lorsqu'il est employé avec les prépositions « à » et « de ».

- **Lequel** de ces monuments connais-tu? → **Lesquels** de ces villages aimes-tu?
- **Laquelle** de ces robes mettras-tu? → **Lesquelles** de ces bagues lui offrir?
- **Auquel** de ces cafés vas-tu? → **Auxquels** de vos enfants avez-vous écrit?
- **À laquelle** de ces filles plait-il? → **Auxquelles** de ces pièces s'intéresse-t-il?
- **Duquel** de ces vases a-t-il envie? → **Desquelles** de ces bottes a-t-elle besoin?
- **De laquelle** de ces jupes aimez-vous le style? → **Desquelles** de ces fleurs aimez-vous le parfum?

Exercices

Exercice 1. Complétez l'interrogatoire suivant en utilisant les pronoms et les adverbes interrogatifs qui conviennent.

a. Lorsque vous vous êtes réveillé, _____ vous avez vu?
b. Au moment du crime, _____ était dans la maison avec vous?
c. Savez-vous _____ on a assommé la victime?
d. _____ était habillée la personne que vous soupçonnez?
e. Après la fuite du suspect, _____ avez-vous téléphoné en premier?
f. _____ s'est passé avant l'arrivée des gendarmes?
g. D'après vous, _____ a écrit cette lettre de menaces à votre époux?
h. _____ avez-vous remarqué de différent par rapport à la veille?

Exercice 2. Posez des questions sur les mots soulignés en suivant le modèle « préposition + une des formes de lequel ». Faites tous les accords en genre et en nombre.

Modèle : Renée a travaillé dans les bureaux du centre-ville.
Dans lesquels est-ce que Renée a travaillé?

a. Nos voisins viennent d'un village qui date du moyen-âge.
_____

b. Marianne travaille avec une amie qui a deux enfants.
_____

c. Leah s'intéresse aux jeux vidéos qui sont captivants.
_____

d. Les enfants se sont cachés sous les meubles du grenier.
_____

e. Nous avons voté contre la candidate qui a démissionné.
_____

f. Adrien a offert des chocolats aux collègues qui l'ont aidé.
_____

g. Sid est chauffeur pour <u>une célébrité qui a reçu la Palme d'or à Cannes</u>.

___

h. Guillaume a écrit à <u>la jeune fille qui n'a pas répondu</u>.

___

Les prépositions

Les prépositions en français sont complexes, varient selon le contexte et le sens, et ne correspondent pas nécessairement aux prépositions en anglais. Pour en faire bon usage, il faut distinguer les verbes prépositionnels qui sont accompagnés d'une préposition plus ou moins reconnaissable et les diverses catégories qui dépendent de contextes bien précis.

1. Quelques exemples de verbes prépositionnels :

   a. Avec la préposition **à** :
   - penser **à**, parler **à**, s'intéresser **à**, aider **à**, se mettre **à**, tenir **à**, apprendre **à**, réussir **à**, s'amuser **à**, chercher **à**, servir **à**, se préparer **à**, commencer **à**, songer **à**, se décider **à**, forcer **à**, obliger **à**, croire **à**, contraindre **à**, etc.

   b. Avec la préposition **de** :
   - parler **de**, arrêter **de**, promettre **de**, avoir peur **de**, avoir honte **de**, finir **de**, essayer **de**, se contenter **de**, oublier **de**, s'excuser **de**, être obligé **de**, se dépêcher **de**, refuser **de**, accepter **de**, décider **de**, dépendre **de**, etc.

   c. Avec les prépositions **à** et **de** :
   - parler **de** quelque chose **à** quelqu'un, demander **à** quelqu'un **de** faire quelque chose, conseiller **à** quelqu'un **de** faire quelque chose, dire **à** quelqu'un **de** faire quelque chose, etc.

   d. Avec les expressions avec **avoir** :
   - avoir du mal **à**, avoir tendance **à**, avoir intérêt **à**, avoir besoin **de**, avoir envie **de**, avoir honte **de**, avoir l'air **de**, avoir peur **de**, avoir raison **de**, avoir tort **de**, avoir l'intention **de**, avoir le temps **de**, etc.

2. Quelques exemples de contextes précis :

   a. Temporel
   - **dans** trois jours, **en** deux heures, **pendant/avant/après** son voyage, **à** quatre heures, **vers** le mois de juin, **au** printemps, **en** hiver, **pour** la vie, **à** terme, **dès** le mois de janvier, etc.

   b. Géographie/localisation/direction
   - **à** la Nouvelle-Orléans, **en** Afrique, **au** Canada, **aux** États-Unis, s'étendre **sur** deux kilomètres, une course **en** amont, **sur** sa main, etc.

   c. Quantité
   - un bâtiment **de** dix étages, une tour **de** trois mètres, etc.

   d. Rapport et comparaison
   - ressembler **à**, etc.

   e. Cause
   - rouge **de** colère, vert **de** jalousie, etc.

   f. Introduisant des thèmes ou sujets
   - **à** propos de cette histoire, **sur** ce même sujet, etc.

   g. Manière
   - **d'**une façon incroyable, **à** l'ancienne, **à** genoux, **en** avion, **à** pied, quatre **à** quatre, deux **par** deux, etc.

Exercices

Exercice 3. Remplacez les tirets des phrases suivantes par la préposition « à » ou « de » et faites les changements nécessaires.

   a. Les jeunes de la génération du millénaire parlent volontiers _____ leur intérêt pour la technologie et s'intéressent _____ tous les nouveaux gadgets. Ils savent se servir _____ tous les outils de communication virtuelle et essayent même d'aider leurs parents et grands-parents _____ découvrir ces nouveaux moyens de communication.

b. Malgré le fossé entre générations, ces jeunes réussissent _____ partager leur savoir et aident les plus âgés _____ se servir _____ réseaux sociaux. Même les moins doués, contraints _____ participer, acceptent _____ se mettre à jour, répondent bien _____ changements et se dépêchent _____ s'adapter _____ leur époque.

c. Leur retard ne les a pas empêchés _____ rattraper les plus jeunes et beaucoup d'entre eux se sont débarrassés _____ leurs complexes, et se sont décidés _____ embrasser ce nouveau style de vie pour profiter _____ avantages qu'il offre. Avec ces réseaux sociaux, aujourd'hui plus personne ne peut oublier _____ souhaiter un anniversaire _____ un ami, _____ remercier quelqu'un, ou encore _____ participer _____ un évènement de groupe.

d. Ces plateformes de communication ressemblent de plus en plus _____ des réunions virtuelles où les débats ne manquent pas _____ se multiplier. Il faut pourtant se soucier _____ règles de politesse et éviter _____ s'occuper _____ ce qui ne nous regarde pas et _____ se mêler _____ affaires des autres. En bref, il ne faut pas manquer _____ discrétion, s'imposer _____ rester courtois et s'en tenir _____ de bonnes intentions.

Exercice 4. Complétez les phrases suivantes avec les prépositions « à » ou « de » et faites tous les changements nécessaires.

a. Les optimistes ont tendance _____ rester positifs, ont besoin _____ s'entourer d'amis, ont envie _____ réussir, ont l'air _____ ne reculer devant rien, et semblent déterminés _____ prendre la vie du bon côté.

b. Les pessimistes, par contre, ont du mal _____ s'ouvrir au monde même s'ils ont parfois envie _____ changer. Ils ont souvent peur _____ s'engager, pourtant ils auraient intérêt _____ se libérer de leurs inquiétudes.

c. Les optimistes ont-ils raison _____ voir la vie en rose et les pessimistes ont-ils tort _____ voir tout en noir? C'est une question à laquelle on a du mal _____ répondre même si on a le temps _____ en débattre dans l'intention _____ mieux comprendre ces deux profils.

Le comparatif et le superlatif

1. Les formes comparatives se forment avec des noms, des verbes, des adjectifs ou des adverbes. Le comparatif de supériorité (plus… que), d'égalité (aussi/autant… que) et d'infériorité (moins… que) se présente comme suit :

   a. Comparatif des noms
   - Philippe a *plus de/autant de/moins de* <u>patience</u> *qu'*Amélie.

   b. Comparatif des verbes
   - Les adolescents <u>mangent</u> *plus/autant/moins que* les enfants.

   c. Comparatif des adjectifs
   - Les professeurs sont *plus/aussi/moins* <u>fatigués</u> *que* leurs élèves.
   - Cette année, les films sont *meilleurs/aussi* <u>bons</u>*/moins* <u>bons</u> *que* les séries.
   - Les jeux sur Internet sont *pires/aussi* <u>mauvais</u>*/moins* <u>mauvais</u> *qu'*à la télé.

   d. Comparatif de l'adverbe « bien »
   - Les employés travaillent *mieux/aussi* <u>bien</u>*/moins* <u>bien</u> *que* le directeur.

2. Les formes superlatives de supériorité et d'infériorité se forment aussi avec des noms, des verbes, des adjectifs ou des adverbes et se présentent de la manière suivante :

   a. Superlatif des noms
   - La natation est *le meilleur/le pire* <u>sport</u> de toutes les options possibles.

   b. Superlatif des verbes
   - Camille est la personne qui <u>mange</u> *le plus/le moins* de toute la famille.

   c. Superlatif des adjectifs
   - C'est le bâtiment *le plus* <u>haut</u>*/le moins* <u>haut</u> de toute la ville.

   d. Superlatif des adverbes
   - C'est Antoine qui court *le plus* <u>vite</u>*/le moins* <u>vite</u> de toute l'équipe.
   - Michelle écrit *le mieux/le moins* <u>bien</u> de sa classe.

3. Le comparatif et le superlatif des adjectifs et des adverbes irréguliers

Degrés de comparaison des adjectifs irréguliers		
Adjectif irrégulier	Comparatif	Superlatif
Bon	Meilleur	Le meilleur/la meilleure/les meilleurs
Mauvais	Pire	Le pire/la pire/les pires
Petit (s'il s'agit de la valeur)	Moindre	Le moindre/la moindre/les moindres
Petit (s'il s'agit de la taille)	Plus petit	Le plus petit/la plus petite/les plus petits
Degrés de comparaison des adverbes invariables « bien » et « mal »		
Bien	Mieux	Le mieux
Mal	Plus mal	Le plus mal

Exercices

Exercice 5. Récrivez les phrases suivantes à la forme comparative en utilisant les informations proposées et faites tous les changements nécessaires.

Modèle : Les pâtisseries/calorique/les légumes (+)

Les pâtisseries sont *plus* calorique$\underline{s}$ *que* les légumes.

a. Les films/être/intrigant/les livres (=)

_____

b. Juliette/travailler/Ambre (-)

_____

c. Les adultes/patience/les adolescents (+)

_____

d. Les cultures/passionnant/les langues (=)

_____

e. Les personnes âgées/prendre des risques/les jeunes (-)

_____

f. Les filles/imagination/les garçons (=)

_____

g. Les optimistes/être heureux/les pessimistes (+)

_____

Exercice 6. Récrivez les phrases suivantes à la forme comparative en utilisant les informations proposées et faites tous les changements nécessaires.
　　Modèle : Les acrobates/être/agile/gymnastes (=)
　　Les acrobates sont *aussi* agile<u>s</u> *que* les gymnastes.

a. Les documentaires/être/ennuyeux/certains films (-)

_____

b. Andrée/avoir/livres/sa sœur Élise (=)

_____

c. Les souris/courir/vite/les chats (=)

_____

d. En hiver/les jardiniers/travailler/les secouristes (-)

_____

e. Solène/avoir/appétit/Arnaud (+)

_____

f. Paula/jouer/aux cartes/son père (+)

_____

g. La classe de Mlle Dormières/étudier/sérieusement/la classe de Mme Galone (+)

_____

Exercice 7. Récrivez les phrases suivantes au superlatif en utilisant les informations proposées et faites tous les changements nécessaires.
　　Modèle : Les oiseaux/être/léger/animaux (+)
　　Les oiseaux <u>sont</u> *les plus* légers *des* animaux.

a. Paul et Valérie/être/sérieux/classe (+)

_____

b. Cette pièce de théâtre/être/célèbre/l'année (-)

_____

c. Montréal/être/la ville/peuplé/la province de Québec (+)

_____

d. Nicole/être bien classé/sa promotion (+)

_____

e. C'est la comédie/bonne/la saison (+)

_____

f. Roland/être bien noté/de son groupe (-)

_____

g. Nos coureurs/être/rapide/compétition (-)

_____

CHAPITRE 2 : LE PORTRAIT

Le chapitre 2 porte sur le portrait, dont un des éléments-clés est l'emploi des adjectifs qualificatifs. Il est donc indispensable de connaitre le masculin et le féminin des adjectifs irréguliers, de savoir placer les adjectifs dans une phrase, d'en faire l'accord en genre et en nombre avec le nom, et de comprendre la différence entre le sens littéral et le sens figuré de certains adjectifs. Bien choisir la forme et la place des pronoms directs et indirects vous permettra d'éviter les répétitions en remplaçant les noms par des pronoms.

Les adjectifs : l'accord et la place

1. Dans le cas d'adjectifs réguliers, on ajoute un « e » à la consonne finale du masculin pour obtenir le féminin et un « s » pour obtenir le pluriel. L'accord en genre et en nombre d'adjectifs irréguliers se fait selon la terminaison de l'adjectif et les possibilités varient selon ces terminaisons. Consultez le tableau suivant pour une révision détaillée de l'accord en genre et en nombre des adjectifs qualificatifs.

Masculin/pluriel; Féminin/pluriel	Exemples
-s / -s; -se / -ses	Gris/gris; grise/grises
-x / -x; -ce / -ces	Doux/doux; douce/douces
-et / -ets; -ète / -ètes	Secret/secrets; secrète/secrètes
-et / -ets; -ette / -ettes	Simplet/simplets; simplette/simplettes
-f / -fs; -ve / -ves	Bref/brefs; brève/brèves
-ien / -iens; -ienne / -iennes	Italien/italiens; italienne/italiennes
-ain / -ains; -aine / -aines	Sain/sains; saine/saines
-eux / -eux; -euse / -euses	Heureux/heureux; heureuse/heureuses
-al /-aux; -ale / -ales	Original/originaux; originale/originales
Les adjectifs qui qualifient des mots masculins et féminins dans une même phrase sont au masculin pluriel.	Des robes de coton et un manteau neufs; Relevez les mots et expressions soulignés
Les adjectifs de couleur qui sont aussi des noms sont invariables.	Des chaussures marron; des chemises orange; des lacs émeraude
Les adjectifs composés de deux adjectifs s'accordent en genre et en nombre.	Des sourds-muets; des cuisines aigres-douces; Elles sont tombées raides mortes
Les adjectifs de couleur modifiés par un autre adjectif ne s'accordent pas et les deux adjectifs restent invariables.	Des robes bleu clair; des pulls gris foncé; des cheveux blond doré; des gants bleu marine; des chaussettes jaune citron

2. La place des adjectifs

La place de l'adjectif qualificatif dépend de la catégorie d'adjectif utilisé. Si la majorité d'entre eux sont placés après le nom, les adjectifs (et parfois leurs contraires) faisant référence aux attributs de beauté, âge, bonté et taille sont plus souvent placés avant le nom. Les exemples d'adjectifs suivants sont tous placés avant le nom lorsqu'on en considère le sens propre.

- Beauté : une **belle** journée; un **bel** été; un **beau** parc
- Taille : une **petite** fille; un **grand** garçon; un **gros** mot
- Âge : un **vieil** ami; une **vieille** table; de **jeunes** enfants
- Bonté : une **bonne** année; un **bon** plat; de **bons** films

En plus de la liste des adjectifs (beauté, taille, âge, bonté) qui précède le nom, les adjectifs **nouveau** et **autre** sont eux aussi placés avant le nom.

- Une **nouvelle** maison; de **nouveaux** films; un **nouvel** appartement
- Une **autre** fois; une **autre** occasion; d'**autres** habitudes

L'adjectif neuf/neuve est placé après le nom dans tous les cas, quelles que soient les circonstances.

- Un bateau **neuf**; des outils **neufs**; une voiture **neuve**; des machines **neuves**

Exercices

Exercice 1. Mettez l'adjectif entre parenthèses à la forme qui convient en faisant l'accord en genre et en nombre.

a. Les champs (vert) _____ luisaient sous la première pluie printanière.
b. C'est une créature (mou) _____ sans aucune ambition.
c. On me chantait des chansons (doux) _____ quand j'étais enfant.
d. Mes voisines de palier ne sont pas toujours très (discret) _____.
e. Mesdames, veuillez faire votre rapport et être (bref) _____ je vous prie!
f. Son attitude (hautain) _____ ne lui attirait pas beaucoup d'amis.
g. Il faut tenir compte de leurs motifs (principal) _____ pour comprendre.
h. Sachez que les personnes (peureux) _____ prennent rarement beaucoup de risques.

Exercice 2. Récrivez les phrases suivantes en plaçant l'adjectif entre parenthèses correctement et faites l'accord en genre et en nombre comme il convient.

a. (neuf) Toutes les petites filles d'honneur étaient vêtues de robes.
   _____

b. (marron) Pensez-vous que je doive porter des chaussures avec ce costume gris?
   _____

c. (sourd-muet) C'est une institution qui rééduque tous les individus.
   _____

d. (violet) Drapée sur son épaule, cette écharpe lui donnait un air distingué.
   _____

e. (émeraude) Tout le monde admirait sa belle silhouette et ses yeux.
_____

f. (bleu ciel) Après son entretien, Louise n'a plus jamais remis cette chemise.
_____

g. (gris) L'uniforme comportait une écharpe et un gilet.
_____

h. (rouge) Le Petit Chaperon portait à sa grand-mère une galette et un pot de beurre.
_____

Les adjectifs : sens littéral et sens figuré

Certains adjectifs changent de sens selon qu'ils sont placés avant ou après le nom. Ces adjectifs ont un double sens, le sens propre et le sens figuré, et ils s'accordent de la même manière que les autres. La liste de ces adjectifs inclut des exemples tels que *dernier, seul, unique, différent, même, certain, divers, ancien, nouveau, riche, modeste, pur, noble, âpre, chaud, maigre, triste, sérieux, bas, profond, rude, vert, sale, pauvre, ténébreux, fin*.

Exercices
Exercice 3. Indiquez dans les exemples suivants si l'adjectif en italique est utilisé au sens propre ou figuré. Encerclez la réponse qui convient puis expliquez-en le sens.

a. La *pauvre* femme venait de perdre son mari.
Propre/Figuré
Sens : _____

b. Les étudiants *pauvres* s'endettent pour payer leurs études.
Propre/Figuré
Sens : _____

c. Napoléon n'était pas un homme de *grande* taille.
Propre/Figuré
Sens : _____

d. On considère les héros de guerre comme de *grands* hommes.
   Propre/Figuré
   Sens : _____

e. Cette *sale* affaire l'a conduit en prison pour le reste de sa vie.
   Propre/Figuré
   Sens : _____

f. Il faut séparer le linge *sale* et ne pas mélanger les couleurs.
   Propre/Figuré
   Sens : _____

g. Depuis la crise, l'économie connait de *sérieux* problèmes.
   Propre/Figuré
   Sens : _____

h. Les étudiants *sérieux* finissent toujours par réussir.
   Propre/Figuré
   Sens : _____

Exercice 4. Sens propre et sens figuré : placez l'adjectif avant ou après le nom, faites tous les accords nécessaires et expliquez le sens de chaque phrase.

a. Napoléon était un _____ homme _____ *(petit)*, le Général de Gaule était un _____ homme _____ *(grand)*, mais les deux étaient de _____ personnages _____ *(grand)* de l'histoire de France.

b. Ils travaillaient pour un _____ salaire _____ *(maigre)* et ne parvenaient pas à joindre les deux bouts.

c. Ses _____ bras _____ *(maigre)* faisaient pitié.

d. Le mauvais temps nous a forcés à passer la _____ semaine _____ *(dernier)* de nos vacances dans notre cabanon.

e. Le _____ mois _____ *(dernier)* ils ont acheté une résidence secondaire en bord de mer.

f. Sur ce vol, vous n'avez droit qu'à un _____ bagage _____ (*seul*).

g. C'est une _____ femme _____ (*seule*) et sans attaches.

h. J'ai fait la connaissance des _____ voisins _____ (*nouveau*) de mes parents.

i. Elle a toujours des _____ idées _____ (*riche*).

j. Les _____ aliments _____ en calories ne font pas grossir (*pauvre*).

k. Il avait une _____ réputation _____ (*sale*).

l. Il ne faut pas laver son _____ linge _____ (*sale*) en public.

m. C'est un _____ homme _____ (*triste*) qui n'a plus gout à la vie.

n. Cette affaire sordide est une _____ histoire _____ (*triste*).

o. Sa _____ mère _____ (*pauvre*) l'a quitté après une longue maladie.

p. Cette _____ famille _____ (*pauvre*) a du mal à joindre les deux bouts.

Les pronoms d'objet direct et indirect

1. Les pronoms compléments d'objet direct

Les pronoms compléments d'objet direct permettent d'éviter les répétitions en remplaçant les noms déjà mentionnés. Ils répondent à la question **quoi?** (pour une chose) ou **qui?** (pour une personne) et prennent le genre et le nombre des noms qu'ils remplacent. Les pronoms compléments d'objet direct sont toujours placés avant le verbe et l'auxiliaire conjugué, sauf à la forme affirmative de l'impératif.

- Est-ce que tu vois souvent *ton frère*? Oui, je **le** vois souvent.
- Regardez-vous *la télévision* le soir? Oui, nous **la** regardons le soir.
- Aimez-vous *l'hiver*? Non, je ne **l'**aime pas.
- Est-ce qu'elle a apporté *les fruits*? Oui, elle **les** a apport**és**.

2. Les pronoms compléments d'objet indirect

   a. Les pronoms « lui » et « leur »

   Certains pronoms compléments d'objet indirect (lui, leur) sont souvent associés aux verbes prépositionnels (téléphoner à, parler à, etc.).
   - Sandrine parle *à son petit-ami*. → Sandrine **lui** parle.
   - Paul téléphone *à ses parents*. → Paul **leur** téléphone.

   b. Le pronom « y »

   Le pronom complément d'objet indirect « y » est introduit par la préposition « à » et réfère à une idée (penser à faire quelque chose), une chose (s'intéresser à quelque chose) ou un lieu (vivre quelque part).
   - Jeanne pense *à déménager en province*. → Jeanne **y** pense.
   - Ernest s'intéresse *à la biologie*. → Ernest s'**y** intéresse.
   - Jean-Pierre travaille *à Toronto*. → Jean-Pierre **y** travaille.

   c. Le pronom « en »

   Le pronom « en » remplace une quantité, une chose introduite par la préposition « de » (parler de quelque chose, avoir envie de quelque chose, avoir besoin de quelque chose, etc.).
   - As-tu assez *de temps*? Oui, j'**en** ai assez.
   - Nous avons parlé *de nos projets* à Éliane → Nous **en** avons parlé à Éliane.
   - Ils ont envie *d'une glace* pour le dessert. → Ils **en** ont envie pour le dessert.
   - Avez-vous besoin *de ce cahier*? Non, je n'**en** ai pas besoin.

   d. Les pronoms disjonctifs (accentués)

   Les pronoms disjonctifs compléments d'objet indirect sont utilisés avec les verbes prépositionnels pour les êtres animés.
   - Est-ce que tu t'intéresses à *Marc*? Oui, je m'intéresse à **lui.**
   - Vous souvenez-vous de *nos cousins*? Non, je ne me souviens pas d'**eux.**
   - Auras-tu besoin de *moi*? Oui, j'aurai besoin de **toi.**
   - Vous souvenez-vous de *Delphine et Solange*? Oui, je me souviens d'**elles.**

e. Les pronoms compléments d'objet direct et l'accord du participe passé
Le participe passé s'accorde en genre et en nombre avec le nom remplacé par le pronom d'objet direct.
- Elle a reçu les lettres. → Elle **les a reçues**.
- Nous avons rencontré Tania. → Nous **l'**avons rencontr**ée**.
- J'ai envoyé la lettre et le colis. → Je **les** ai envoy**és**.

Exercices

Exercice 5. Récrivez les phrases suivantes en remplaçant les mots soulignés par les pronoms compléments d'objet direct « le, la, l', les » qui conviennent et faites l'accord du participe passé quand il le faut.

a. En rentrant du cinéma, ~~j'ai rencontré mon ancien camarade de chambre~~.
   " " , je l'ai rencontré.

b. ~~Mes grands-parents ont reçu tous leurs petits-enfants~~ à l'occasion du jour de Noël.
   mes grands-parents les ont reçus

c. Pour le jour de l'an, ~~mes cousins ont invité ma sœur et moi~~ à une soirée dansante.
   mes cousins les ont invitées.

d. Après la fête, ~~j'ai remercié mes cousins~~ pour leur accueil chaleureux.
   j'ai les remerciés

e. ~~Ma tante avait oublié d'apporter le champagne~~ alors nous avons bu du vin blanc.
   ma tante avait oublié de l'apporter

f. ~~Mon amie se rappelle encore le jardin de son enfance.~~
   mon amie se le rappelle encore

g. Lisette et Carine ~~ont acheté un beau bijou~~ à leur mère.
   l'ont acheté

h. Tous les soirs ~~je regarde la télévision~~ avant de me coucher.
   je la regarde

Exercice 6. Récrivez les phrases suivantes en remplaçant les mots soulignés par les pronoms compléments d'objet indirect « lui, leur, y, en » qui conviennent et faites l'accord du participe passé quand il le faut.

a. ~~Elizabeth téléphone à ses enfants~~ une fois par semaine.
   Eliz. leurs téléphone

b. N'oubliez pas de rendre les clés du garage ~~à Justine~~.
   lui

c. On a annoncé la naissance du bébé ~~aux membres de la famille~~.
   leurs

d. Alissa a fait la connaissance <u>de son acteur préféré</u>.
   Alissa a lui fait la connaissance

e. La star de rock a dédicacé son dernier disque <u>à Marielle</u>. *lui*
   La star de rock lui a dédicacé son dernier disque.

f. Avez-vous pensé à ~~apporter vos affaires de plage~~ pour samedi?
   lui

g. Gérald a vraiment envie ~~d'une bonne glace~~.
   y

h. Je vous retrouve ~~au centre-ville~~ vers 14 heures.
   en

CHAPITRE 3 : LA DESCRIPTION GÉNÉRALE

Une description peut se faire au présent ou au passé, ce qui nécessite une bonne maitrise des conjugaisons. Si le présent pose peu de difficultés, la conjugaison des verbes réguliers et irréguliers aux temps du passé demande une attention particulière. Au passé composé, savoir choisir entre les auxiliaires être et avoir et reconnaître quand il faut accorder un participe passé est primordial. La description fait aussi appel à de nombreux verbes de localisation et de mouvement pour en situer et développer les éléments d'une description, tandis que certaines prépositions permettent de les situer dans le temps.

L'imparfait, le passé composé et le passé simple

Les temps de la description les plus fréquents sont l'imparfait, qui sert à établir le contexte, l'atmosphère (le climat, le paysage, les conditions générales, etc.), et le passé composé, qui décrit des actions finies. L'usage de l'imparfait et du passé composé dans deux propositions différentes peut exprimer la simultanéité de deux actions. Parmi les temps du passé, on trouve aussi le passé simple, qui est plus littéraire et a les mêmes fonctions que le passé composé. D'autres temps du passé, utiles pour exprimer l'ordre des évènements d'un passage (l'antériorité avec le plus-que-parfait ou la postériorité avec le conditionnel) seront présentés dans le chapitre 4.

Exercices

Exercice 1. Imparfait ou passé composé? Conjuguez les verbes entre parenthèses au temps qui convient selon le contexte.

a. Quand il (*être*) _____ jeune, Selim (*adorer*) _____ camper dans les Pyrénées.
b. Les jeunes mariés (*se rencontrer*) _____ dans un café à Cassis.
c. Toutes mes félicitations! Vous (*réussir*) _____ à l'examen.
d. Dès que Cédric (*voir*) _____ Hasna, il (*prendre*) _____ de ses nouvelles.
e. Je (*savoir*) _____ par ma sœur que Milène (*être*) _____ très déprimée à son retour.
f. La grève (*commencer*) _____ quand Patrice (*emménager*) _____ à Marseille.
g. Il (*pleuvoir*) _____ à torrents quand le patron les (*convoquer*) _____.
h. Quand Astrid me (*téléphoner*) _____, je (*arriver*) _____ à toute vitesse.

Exercice 2. Dans cet extrait de *La gloire de mon père* de Marcel Pagnol, <u>sept</u> verbes sont à l'imparfait et <u>quatre</u> verbes sont au passé simple. Conjuguez les verbes entre parenthèses au temps qui convient et donnez aussi le passé composé des verbes au passé simple.

« Nous (*sortir*) _____ du village : alors (*commencer*) _____ la féérie et je (*sentir*) _____ naitre un amour qui (*devoir*) _____ durer toute ma vie. Un immense paysage en demi-cercle (*monter*) _____ devant moi jusqu'au ciel : de noires pinèdes, séparées par des vallons, (*aller*) _____ mourir comme des vagues au pied de trois sommets rocheux. Autour de nous des croupes de collines plus basses (*accompagner*) _____ notre chemin, qui (*serpenter*) _____ sur une crête entre deux vallons. [...] Le paysan nous (*montrer*) _____ les sommets qui (*soutenir*) _____ le ciel au fond du paysage. »

Les verbes de localisation et de mouvement

Les verbes de localisation et de mouvement permettent de situer les éléments et sont parfois spécifiques aux sujets qu'ils décrivent. L'usage de verbes précis donne au texte des effets visuels et évocateurs qui enrichissent l'expression écrite et stimulent l'intérêt du lecteur. Voici une liste de verbes de localisation : *se trouver (derrière, devant, autour, au-dessus, au-dessous), (se) situer, être situé, se dresser, border, dominer, surplomber, occuper un espace, se blottir, s'aligner (le long de), se nicher, s'entasser, demeurer, exister, trainer, se tenir, stagner, percher, résider*, etc.

Les verbes de mouvement sont aussi utiles à la description des paysages et permettent d'éviter les répétitions maladroites ou l'expression « il y a ». Voici quelques exemples de verbes de mouvement qui vous aideront à varier votre vocabulaire et vous permettront une expression écrite de meilleure qualité : *s'étendre (au-delà, par-delà, le long de), grimper, serpenter, planer, dévaler, dégringoler, glisser, arpenter, filer, couler, tournoyer, s'écouler, courir, jaillir, se briser sur*, etc.

Exercices

Exercice 3. Complétez les phrases suivantes avec les verbes de mouvement en italique selon le contexte et conjuguez chaque verbe à l'imparfait : *s'étendre, tournoyer, se briser, jaillir, serpenter, s'écouler, grimper, dévaler*.

   a. Un chemin de pierre à peine perceptible _____ le long de la falaise.
   b. La rivière _____ paisiblement à travers la forêt de chênes.
   c. Soumises aux rafales de vent, les feuilles mortes _____ dans le ciel gris.
   d. Depuis la sècheresse, seuls de maigres filets d'eau _____ dans les sous-bois.
   e. Amoindrie par les étés torrides, la source ne _____ plus comme autrefois.
   f. De petits sentiers sauvages _____ les pentes escarpées qui menaient au village.
   g. Agitées par la tempête, les grosses vagues écumeuses _____ sur les rochers.

h. Tel un champ de glace, le lac gelé _____ lentement au-delà de l'horizon.

Exercice 4. Complétez les phrases suivantes en utilisant les verbes en italique selon le contexte décrit et conjuguez chaque verbe à l'imparfait quand il le faut : *menacer, se déchainer, s'amonceler, se couvrir, gronder, éclaircir, se lever, s'obscurcir, clapoter, envelopper, marteler, siffler, se coucher.*

a. Un vent glacial _____ violemment dans les branches des peupliers.
b. L'écho du tonnerre qui _____ parvenait jusqu'à notre campement.
c. Comme la pluie _____, les campeurs ont décidé de rentrer.
d. En été, le soleil _____ plus tôt et _____ plus tard qu'en hiver.
e. La pluie _____ doucement sur les vitres fermées pour la nuit.
f. Le temps était incertain et le ciel commençait à _____.
g. Une grêle incessante _____ les toits des maisons de bois.
h. De gros nuages _____ dans le ciel qui s'assombrissait.
i. Au loin, l'horizon _____ et annonçait une tempête de neige.
j. À l'annonce du cyclone qui _____, les habitants se mettaient à l'abri.
k. Après la pluie, l'arc-en-ciel _____ le ciel de ses couleurs pastel.
l. La brume _____ les cimes des montagnes à perte de vue.

Les repères temporels et les prépositions de temps

Les repères temporels sont aussi très importants dans l'expression écrite. Ils permettent d'organiser le contenu selon la chronologie des évènements et faits décrits. Certaines expressions vous sont déjà familières, comme *aujourd'hui, hier, demain, dans la nuit, la nuit dernière, récemment, précédemment, auparavant,* etc. D'autres termes, comme *avant-hier, à la tombée de la nuit, au lever du jour, à l'aube, au crépuscule, la veille, de nos jours, jadis, dans le temps,* etc. vous aideront à parfaire et mieux maitriser votre expression écrite quel qu'en soit le sujet.

Certaines prépositions, fréquentes et remplissant des fonctions diverses selon le contexte, sont aussi des indicateurs temporels (voir tableau ci-dessous) et permettent d'exprimer la durée, le point de départ, la continuité ou la fin d'une action. Vous en connaissez déjà quelques-unes et vous pourrez en maîtriser l'usage et les contextes après quelques exercices.

\	**Les repères temporels**	\
à	Indique un moment précis dans le temps.	Il se lève **à** 7 heures, déjeune **à** 8 heures et quitte la maison **à** 9 heures.
de... à	Exprime une action délimitée du début à la fin de l'action.	Les élections se sont déroulées **de** 8 heures **à** 20 heures.
pendant/durant	Exprime la durée d'une action terminée au moment où on parle.	Elle a travaillé à l'étranger **pendant** huit ans.
quand/ au moment où	Exprime la simultanéité entre deux actions dont la deuxième est introduite par « quand ».	Nous annoncerons les résultats **quand** l'examen sera fini.
en	Exprime la durée nécessaire pour accomplir quelque chose.	Il a lu nuit et jour pour finir ce roman **en** une semaine.
il y a	Utilisé pour une action qui a déjà eu lieu et qui est terminée.	J'ai obtenu mon diplôme universitaire **il y a** cinq ans.
dans	Exprime une action qui n'a pas encore commencé et qui va avoir lieu.	La cérémonie va commencer **dans** quelques minutes.
depuis	Exprime la continuité d'une action au moment où on parle.	**Depuis** que je n'étudie plus le français, je m'ennuie.
jusqu'à	Exprime l'antériorité d'une action sur une autre action.	Le président a parlé **jusqu'à** l'intervention des journalistes.
dès/dès que	Décrit une action immédiate sur le point de se réaliser.	Malgré les années, on l'a reconnu **dès** son arrivée.

Exercices

Exercice 5. Complétez les phrases suivantes avec les prépositions ou expressions de temps proposées en italique : *dès, dans, dès que, il y a, durant, au moment où, jusqu'à, en, à, depuis, de... à*.

   a. Elias travaille à Vancouver _____ le début de sa carrière en informatique. *b.* Bien qu'il habite assez loin, il arrive _____ l'heure tous les matins. *c.* Son travail l'occupe _____ 8 heures _____ 18 heures et parfois aussi le weekend. *d.* _____ cinq ans qu'il a reçu sa titularisation et une belle promotion. *e.* _____ sa nomination à ce poste, il a compris qu'il resterait au Canada. *f.* Sa vie personnelle était très agitée _____ toute sa période d'essai. *g.* _____ son poste est devenu permanent il s'est senti plus en sécurité. *h.* Il est maintenant capable de gérer trois réunions _____ une journée.

i. Si tout se passe bien, il espère garder ce poste _____ sa retraite.
j. Bien sûr, il ne pourra confirmer cette décision que _____ 25 ans, c'est-à-dire _____ il terminera sa carrière.

Exercice 6. Complétez les phrases suivantes avec les expressions de temps en italique. Attention à la séquence des évènements présentés : *récemment, auparavant, jadis, au lever du jour, aujourd'hui, dans le temps, la veille, à la tombée de la nuit, de nos jours.*

a. _____, c'est dimanche et nous allons fêter l'anniversaire de Mathilde et de Léo. *b.* Comme les magasins sont fermés le dimanche, nous avons fait les courses _____. *c.* _____, nous avons constaté que la météo allait être favorable, alors nous avons prévu de déjeuner dehors, ce que nous n'avions pas fait _____. *d.* _____ nous avons mis la table, sorti les chaises et décoré le jardin et la terrasse. *e.* _____, nous faisions la cuisine nous-mêmes du hors-d'œuvre au dessert. *f.* _____ et comme beaucoup de gens, nous commandons tout chez le traiteur. *g.* Cette économie de temps nous a permis de nous amuser comme nous le faisions _____. *h.* _____ tous nos invités sont rentrés heureux de cette belle journée.

CHAPITRE 4 : LA NARRATION

Comprendre et maitriser la valeur temporelle des temps du passé demande une réflexion particulière et une bonne compréhension de la concordance des temps. La concordance des temps consiste à bien combiner les temps entre eux pour une meilleure expression. Connaitre les conjonctions et les locutions adverbiales et en varier l'emploi enrichira votre production écrite et permettra d'ajouter des nuances importantes au récit. L'utilisation du discours rapporté vous aidera à mieux communiquer les paroles des personnages mis en scène ou évoqués dans votre récit.

La concordance des temps du passé

L'expression « concordance des temps » signifie qu'il y a une relation de conformité ou un accord entre le verbe de la proposition principale et le verbe de la proposition subordonnée. Dans la narration, l'usage de plusieurs temps est nécessaire pour développer les étapes du récit. L'imparfait sert à établir le contexte, l'atmosphère (le climat, le paysage, les conditions générales, les personnages, etc.), tandis que le passé composé présente les évènements, les séries d'actions qui font progresser l'histoire, comme dans les exemples suivants.

Contexte ou atmosphère Imparfait ou plus-que-parfait	Évènement ou action brève Passé simple ou passé composé
Il **faisait** nuit noire, →	mais son avion **a atterri** sans difficulté.
Elle **avait eu** peu d'offres, →	mais elle **finit** par trouver un travail de rêve.

Lorsque deux actions ont lieu dans le passé, il faut établir une hiérarchie dans le déroulement de ces actions et préciser le rapport entre la proposition principale et la proposition subordonnée. Différentes combinaisons de temps permettent ainsi d'exprimer la simultanéité, l'antériorité ou la postériorité de l'action de la subordonnée par rapport à la principale.

	Verbe de la principale	Verbe de la subordonnée
Actions simultanées	**Imparfait ou passé composé** →	**Imparfait ou passé composé**
	Je **savais** →	qu'il **était** malade.
	Il **était** au téléphone →	quand elle **est arrivée**.
Actions antérieures	**Imparfait ou passé composé** →	**Plus-que-parfait**
	On **prétendait** →	qu'il **avait connu** les plus grands auteurs.
	J'**ai cru** →	qu'il **avait démissionné** de son poste.
	J'**ai appris** →	qu'elle **s'était remariée**.
Actions postérieures	**Imparfait ou plus-que-parfait** →	**Conditionnel**
	On se **doutait** tous →	qu'elle **deviendrait** une star internationale.
	J'**avais compris** →	qu'il ne **réussirait** pas à les convaincre.

Exercices

Exercice 1. Complétez les phrases suivantes en conjuguant chaque verbe entre parenthèses au temps du passé qui reflète la simultanéité des actions.

   a. Colette finissait ses valises quand le fleuriste (sonner) _____ à la porte.

b. Nous espérions inviter notre collègue de bureau lorsque nous (apprendre) _____ sa mutation dans un pays lointain.
c. Les passagers étaient déjà dans le train au moment où on (annoncer) _____ la grève.
d. Nous étions déjà à l'abri et bien au chaud quand l'orage (éclater) _____ sur la ville.
e. Une grande partie de la forêt était en flammes quand les pompiers (arriver) _____ sur la scène.
f. Où étiez-vous à l'heure où le crime (avoir) _____ lieu, demanda le détective.

Exercice 2. Complétez les phrases suivantes en conjuguant chaque verbe entre parenthèses à un temps du passé qui tient compte de l'ordre des deux actions dans chaque phrase.

a. Le témoin expliquait aux gendarmes que la veille ils (voir) _____ les deux hommes retenus au poste de police.
b. On se demandait souvent pourquoi ils (décider) _____ de s'expatrier si longtemps.
c. Les touristes ne comprenaient pas pourquoi les autorités (fermer) _____ l'accès au musée.
d. Le professeur prétendait que nous (ne pas travailler) _____ suffisamment.
e. Déjà dans leurs costumes de scène, les comédiens ne savaient pas que leur spectacle (être annulé) _____.
f. Les collégiens étaient en retard parce que le gardien (oublier) _____ d'ouvrir le portail.

Le discours indirect ou discours rapporté

Contrairement au discours direct, le discours indirect ou discours rapporté répète, raconte, ou rapporte le discours d'un autre. C'est le narrateur qui parle et non les auteurs du discours, comme souvent dans le style des journalistes et reporters qui reprennent les paroles d'autres intervenants. Ce discours indirect est alors caractérisé par des changements (1) de ponctuation, (2) de temps, (3) de pronoms personnels et de pronoms et adjectifs possessifs et (4) par l'usage de verbes introducteurs tels que : *dire que, répondre que, penser que, affirmer que, expliquer que, raconter que, assurer que, répliquer que*, etc.

(1) Changement de ponctuation :

La ponctuation caractéristique du discours direct : guillemets (« »), point d'exclamation (!), deux-points (:), etc., disparait dans le discours indirect. Exemple :

Calie, nouvelle au lycée Saint-Exupéry, dit : <u>«</u> Je suis heureuse de me faire de nouveaux amis<u>! »</u>

Calie, nouvelle au lycée Saint-Exupéry, dit qu'elle est heureuse de se faire de nouveaux amis.

(2) Le changement des temps dans le discours indirect est une conséquence de la concordance des temps, qui se manifeste selon les règles décrites dans le tableau suivant :

Temps	Discours direct → Discours indirect
Présent → Présent	Calie dit : « je suis heureuse de me faire de nouveaux amis! » Calie **dit** qu'elle **est** heureuse de se faire de nouveaux amis.
Passé composé → Imparfait ou Plus-que-parfait	Calie a dit : « j'ai été heureuse de me faire de nouveaux amis! » Calie **a dit** qu'elle **était** heureuse de se faire de nouveaux amis. Calie **a dit** qu'elle **avait été** heureuse de se faire de nouveaux amis.
Imparfait → Imparfait	Calie disait : « je suis heureuse de me faire de nouveaux amis! » Calie **disait** qu'elle **était** heureuse de se faire de nouveaux amis.
Futur → Conditionnel présent	Calie dira : « je suis heureuse de me faire de nouveaux amis! » Calie **dira** qu'elle **serait** heureuse de se faire de nouveaux amis.
Impératif → de + infinitif	Calie dit : « fais-toi de nouveaux amis! » Calie dit **de** te **faire** de nouveaux amis.
Plus-que-parfait → Imparfait ou Plus-que-parfait	Calie avait dit : « je suis heureuse de me faire de nouveaux amis! » Calie **avait dit** qu'elle **était** heureuse de se faire de nouveaux amis. Calie **avait dit** qu'elle **avait été** heureuse de se faire de nouveaux amis.

(3) Changement de pronoms personnels et de pronoms et adjectifs possessifs :

Le discours indirect entraine des changements dans les pronoms personnels et les pronoms et adjectifs possessifs pour adapter le discours à la perspective de celui qui parle. Observez le dialogue suivant au discours direct, et notez les changements de pronoms personnels et de pronoms et adjectifs possessifs dans le deuxième dialogue au discours indirect.

Exemple de discours direct :

Philippe dit : « Je suis très déçu par la critique du dernier film de Julie Delpy! »
– Ah bon? Moi, je l'ai trouvée plutôt bien écrite et pleine d'humour, répondit Adrien.
– Alors, allons voir le film ensemble pour nous en faire une idée par nous-mêmes! ont-ils décidé à l'unisson.

Exemple de discours indirect :

Philippe a dit qu'**il** était très déçu par la critique du dernier film de Julie Delpy et Adrien a répondu qu'**il** l'avait trouvée plutôt bien écrite et pleine d'humour. **Ils** ont alors décidé à l'unisson d'aller voir le film ensemble pour **s'**en faire une idée par **eux-mêmes**.

(4) Usage de verbes introducteurs :

Pour éviter la répétition des verbes « dire » et « répondre », très présents dans les dialogues du discours indirect, on utilise d'autres verbes de même sens accompagnés de la conjonction « que » : *penser que, affirmer que, expliquer que, raconter que, assurer que, répliquer que, confirmer que, déclarer que*, etc.

Philippe a dit (*a affirmé/a assuré/a expliqué/a déclaré*) **qu**'il était très déçu par la critique du dernier film de Julie Delpy et Adrien a répondu (*a affirmé/a assuré/a expliqué/a déclaré/a répliqué*) **qu**'il l'avait trouvée plutôt bien écrite et pleine d'humour. Ils ont alors décidé à l'unisson d'aller voir le film ensemble pour s'en faire une idée par eux-mêmes.

Exercices

Exercice 3. Récrivez le paragraphe suivant écrit au discours indirect en dialogue au discours direct. N'oubliez pas de faire tous les changements nécessaires.

Le romancier expliquait que son inspiration ne venait pas forcément de ses souvenirs de jeunesse. Au contraire, il lui semble souvent que ses idées se trouvent dans les détails de la vie de tous les jours. Il disait aussi ne pas faire vraiment attention à ce qui se passe autour de lui, mais la nuit venue, les scènes vécues défilaient sous ses yeux comme dans un rêve. Il révéla que ses expériences prenaient aussi, parfois, la forme de cauchemars.

_____
_____
_____

Exercice 4. Récrivez le dialogue suivant extrait de la légende de Narcisse, fasciné par sa propre beauté, et Écho, éperdument amoureuse de lui. N'oubliez pas les changements de ponctuation, de verbes introducteurs, de pronoms sujets et de pronoms et adjectifs possessifs, typiques du discours indirect.

À la recherche de ses amis, Narcisse appelait : « Êtes-vous ici ? Y a-t-il quelqu'un par ici ? », et Écho lui répondait de sa jolie voix : « Ici, ici, ici... » Et sans la regarder, il cria : « Jamais, jamais... Penses-tu qu'un jour il se pourrait que je te donne pouvoir sur moi ? » Et la voix de la nymphe, entrecoupée de larmes, répéta, suppliante : « Je te donne pouvoir sur moi. » Mais déjà, Narcisse s'éloignait.

Les locutions, les conjonctions et les prépositions utiles pour la narration

Pour faire un récit bien construit, il faut ponctuer le texte de marqueurs tels que ceux du tableau suivant pour situer (temporalité), expliquer (énumération) et donner des détails (comparaison/opposition/similitude) afin d'enrichir la forme et le contenu.

Temporalité	Énumération	Comparaison/Opposition	Comparaison/Similitude
alors que	tout d'abord	à l'inverse	à l'instar de
antérieurement	au préalable	à l'opposé	ainsi que
au moment où	avant tout	alors que	au même degré que
avant cela/avant tout	dans un premier temps	au contraire	à l'exemple de
bientôt	de plus	cependant	à l'image de
d'abord	de prime abord	d'une part... d'autre part	autant que
depuis que	de surcroit	en contrepartie	comme (si)
dès l'instant où	d'une part... d'autre part	en dépit de	dans la mesure où
dès lors que	en premier lieu	en revanche	de la même façon (que)
désormais	en deuxième lieu	inversement	de même que
en même temps que	en dernier lieu	néanmoins	d'une manière comparable
puis	en outre	or	d'une façon semblable
lorsque	enfin	par contre	également
maintenant	ensuite	par opposition	en comparaison avec
par la suite	par ailleurs	pourtant	suivant (que)
plus tard	pour commencer	quoique	similairement
simultanément	pour conclure	tandis que	
tandis que	pour terminer	toutefois	

Exercices

Exercice 5. En vous référant au tableau précédent, complétez les phrases suivantes en utilisant les articulateurs en italique : *en revanche, d'une part... d'autre part, désormais, néanmoins, outre, dès l'instant, au préalable, en dépit de*.

a. À la tête d'une grosse entreprise, il arrive toujours à l'heure _____ la distance qu'il doit parcourir chaque matin.
b. _____, ses employés ne sont pas tous des modèles de ponctualité _____ que leur supérieur est absent.
c. Il a perdu le dossier que je lui ai confié ; _____ je ne lui confierai plus rien.
d. Nous sommes tous partagés sur ce projet ; _____ il nous semble très utile, _____ son coût nous parait excessif.
e. _____ le soutien financier de ce projet, il faudra trouver une responsable pour sa mise en œuvre.
f. _____ , nous espérons que le vote pour le projet sera positif une fois que nous aurons trouvé le budget nécessaire pour le mettre en œuvre.
g. Pour trouver ce budget, il faudra _____ organiser une levée de fonds.

Exercice 6. En groupe de deux ou trois, récrivez cet extrait du texte de Jean Guéhenno intitulé *L'orange de Noël* en remettant en ordre les phrases suivantes :

a. Mon trésor ne devait payer que la plus belle orange [...].
b. tous deux nous en admirions la grosseur, la rondeur, l'éclat;
c. Le soir de Noël, quand j'avais huit ans, je courais, quelques sous en main donnés par ma mère, à la rencontre d'une épicerie.
d. je le renversais, le mettais à droite, au bout de la cheminée, et ma mère posait dessus la belle orange.
e. Et voici ce qui, rituellement, arrivait : ma mère la tirait de son papier de soie;
f. Je prenais dans le buffet un de ces beaux verres à pied en cristal qu'on achetait alors dans les foires [...],
g. La pomme d'or prenait ainsi sa place parmi tous nos fétiches [...].
h. Je revenais un peu avant minuit portant dans une main une admirable orange enveloppée d'un papier de soie, dans l'autre un sac de chocolats à faveur rose. [...]

CHAPITRE 5 : LE COMPTE RENDU

Écrire en n'utilisant que des phrases simples limite l'expression et produit de nombreuses répétitions. La subordination et l'emploi des pronoms relatifs est une des façons de dépasser la phrase simple. Pourtant, trop de subordonnées alourdit l'expression et il faut parfois les remplacer par d'autres structures plus riches. Le compte rendu demande aussi de se référer aux auteurs ou aux participants du discours oral ou écrit mentionnés, et la voix passive permet ces références utiles au compte rendu.

Les pronoms relatifs

Les pronoms relatifs servent à relier deux phrases pour **éviter** les répétitions ou les structures trop simples.

> Alice a un chat/le chat est grincheux
> → *Alice a un chat qui est grincheux.*

La proposition introduite par un pronom relatif est une proposition subordonnée, et le mot qui précède un pronom relatif s'appelle un antécédent, qui peut être défini, indéfini, ou une proposition tout entière.

Exemples : Le colis *que* les enfants ont reçu pour Noël était une grande surprise.
Les touristes ne comprennent pas *ce que* dit le guide.

Un pronom relatif peut être simple, ou composé s'il est lié à une préposition (auquel, auxquels, duquel, desquels, etc.) ou précédé d'une préposition (**à** qui, **avec** lequel, **au bout** desquelles, etc.).

\multicolumn{3}{c}{Les pronoms relatifs simples}		
Pronoms	Fonction dans la phrase	Exemples
Qui	Sujet	Kamal connait l'artiste/l'artiste s'est produit hier Kamal connait *l'artiste* **qui** s'est produit hier.
Que	Complément d'objet	Mélanie a reçu la lettre/tu as envoyé la lettre Mélanie a reçu *la lettre* **que** tu as envoyé<u>e</u>.
Dont	Complément de nom (*dont* est entre deux noms) Complément d'un verbe + la préposition <u>de</u>	Je connais l'homme/son chien a été adopté Je connais *l'homme* **dont** *le chien* a été adopté. Izya s'occupe <u>de</u> l'enfant/l'enfant est très sage *L'enfant* **dont** Izya s'occupe est très sage.
Où	Complément circonstanciel de lieu Complément circonstanciel de temps	La rue est animée/Mia habite dans une rue *La rue* **où** Mia habite est animée. On n'oubliera pas ce jour/Annick est partie ce jour-là On n'oubliera pas *le jour* **où** Annick est partie.

\multicolumn{3}{c}{Les pronoms relatifs composés}		
Prépositions	Pronoms relatifs	Exemples
À	À qui Auquel À laquelle Auxquels Auxquelles	L'amie **à qui** Julie a écrit a déménagé en juillet. Le tableau **auquel** tu penses est une imitation. La profession **à laquelle** elle se dédite est honorable. Les genres **auxquels** je m'intéresse sont variés. Voici les lettres **auxquelles** j'ai répondu hier.

Suite à la page suivante

De	D'où		Haïti est le pays **d'où** vient Katia.
	De qui		Le chemin **au bout duquel** se trouve la supérette est maintenant condamné.
	Duquel		
	De laquelle		La maison **près de laquelle** j'habite a été vendue.
	Desquels		Les voitures **à côté desquelles** je me suis garé ont été enlevées par la police.
	Desquelles		
Avec En Sous Pour Par Sur Sous Dans Entre etc.	+	Qui Lequel Lesquels Laquelle Lesquelles	N'hésite pas à voter **pour qui** tu veux. Les copains **avec lesquels** il voyage sont sympas. Gilles est la seule personne **en qui** j'aie confiance. C'est le pommier **sous lequel** Newton s'est reposé. Le patron **pour lequel** je travaille est très patient. La rue **par laquelle** tu dois passer est inaccessible. Ce sont des gens **sur lesquels** tu peux compter. Il faut lire le journal **dans lequel** il s'est confié.
Ce qui Ce que Ce dont Ce à quoi	remplacent une idée, une proposition ou un antécédent indéterminé.		**Ce qui** inquiète les spécialistes est indéfinissable. **Ce que** le conférencier dit n'est pas très clair. Le patron m'a remis tout **ce dont** j'avais besoin. Non, ce n'est pas exactement **ce à quoi** je pensais.

Exercices

Exercice 1. Complétez les phrases suivantes par le pronom relatif composé avec la préposition *à* ou *de* (*auquel, duquel, à laquelle, d'où*, etc.) qui convient. Consultez le tableau p. 31-32 pour vous aider dans votre choix.

a. La fille _____ il s'intéresse ne l'a pas encore remarqué.
b. C'est un monument en haut _____ on a facilement le vertige.
c. Le pays _____ elle vient a conservé toutes ses traditions ancestrales.
d. Les candidats _____ le directeur a proposé un entretien sont les plus compétents.
e. L'entreprise pour _____ elle travaille risque de fermer à la fin de l'année.
f. Le film _____ je pensais t'inviter ne passe plus en ville depuis hier.

g. Les bureaux près _____ l'incendie a eu lieu sont maintenant en sécurité.
h. Les actrices _____ on a remis un prix ont toutes joué un rôle principal.

Exercice 2. Complétez les phrases suivantes en utilisant un des pronoms relatifs composés proposés en italique. *Contre lequel, ce sur quoi, ce pour quoi, entre lesquelles, sous lequel, pour lequel, à la fin duquel, derrière lesquels.*

Modèle : Le client n'a pas compris *ce que* l'agent immobilier a expliqué.

a. Le menu _____ ce chef a reçu une médaille est inimitable.
b. Te souviens-tu du repas _____ nous nous sommes embrassés?
c. Les pierres _____ coule le fleuve sont recouvertes de mousse.
d. Les coureurs _____ ils se sont classés sont de grands athlètes.
e. L'arbre _____ s'abritent les oiseaux est centenaire.
f. La justice, c'est _____ il faut lutter sans cesse.
g. Un peu de logique, voilà _____ tu dois fonder ton raisonnement.
h. Le dentiste _____ elle a porté plainte n'est plus recommandable.

La réduction des propositions subordonnées

Les propositions subordonnées sont parfois des tournures lourdes par leur complexité. On peut transformer ces subordonnées de plusieurs façons pour alléger et varier l'expression écrite. La technique la plus fréquente est la substitution par (a) un adjectif, (b) un nom, (c) un infinitif.

Exercices

Exercice 3. Remplacez les subordonnées en italique par un adjectif de même sens et faites tous les changements nécessaires.

Modèle : Les jeunes apprécient le soutien *que donnent les parents.*
Les jeunes apprécient le soutien *parental.*

a. Quand il fait chaud, on met des toilettes *qui se portent en été.*
_____

b. L'année s'est conclue par la présentation des projets *qu'ont faits les étudiants*.

c. C'est un institut pour les enfants *qui ne parlent pas*.

d. Le bureau des réclamations est pour les clients *qui ne sont pas contents*.

e. C'est une erreur *qu'on ne peut pas admettre*.

f. À la retraite, mes parents ont visité le pays *où ils sont nés*.

g. On ne sent pas les émanations *qui sont sans odeurs*.

h. L'eau est un liquide *qui n'a pas de couleur*.

i. Ce restaurant sert une cuisine *qui a beaucoup de saveurs*.

j. Dans les hôpitaux on a de nombreux traitements *qui ne font pas mal*.

k. Les élèves *qui ne font rien à l'école* vont redoubler leur classe.

l. À la rentrée, les parents dépensent beaucoup pour le matériel *qu'on utilise à l'école*.

m. Il faut éviter d'avoir un comportement *qui ressemble à celui d'un enfant*.

n. C'est une excellente revue *qui parait une fois par semaine.*

o. *La Provence* est un journal *qui parait une fois par jour.*

p. S'il fait froid, mieux vaut mettre des tenues *qui se portent en hiver.*

q. C'est un projet *qui peut être fait* en très peu de temps.

r. Les animaux *qui sortent le jour* sont aussi des prédateurs.

Exercice 4. Remplacez dans les phrases suivantes les subordonnées et les mots en italique par un nom de même sens.

Modèle : *Les gens qui passaient* se sont arrêtés pour admirer le mime.
Les passants se sont arrêtés pour admirer le mime.

a. *L'homme à qui appartient ce château* accueille souvent les gens du village.

b. J'ai trouvé *quelqu'un qui va acheter* ma vieille voiture.

c. *La personne qui a loué* la villa sur la plage est une célébrité locale.

d. *Les gens qui ont hérité* de la maison de campagne nous ont invités à une soirée.

e. *Le sportif qui détient le titre* du 100 mètres est notre nouveau voisin.

f. *L'individu qui a perturbé la fête* ne sera plus jamais invité chez moi.

g. L'atelier a besoin de *quelqu'un qui veut apprendre un métier.*

___

h. Zoé habite avec des *personnes qui partagent son logement.*

___

i. Ce magasin est tenu par *quelqu'un qui s'occupe de la gestion.*

___

j. De nos jours, il n'y a presque plus de *personnes qui travaillent le fer.*

___

La voix passive et la voix active

La notion de « voix » exprime le rôle du sujet dans la phrase. À la voix active, le sujet fait l'action et à la voix passive, le sujet subit l'action et devient un agent. Pour mettre une phrase à la voix passive, il faut (a) ajouter l'auxiliaire « être » conjugué au temps du verbe, (b) transformer le verbe de la phrase en participe passé et (c) accorder le participe passé en genre et en nombre.

Présent :
Voix active : le pâtissier *prépare* les gâteaux du dimanche.
Voix passive : les gâteaux du dimanche *sont* préparé**s** par le pâtissier.

Passé composé :
Voix active : le pâtissier *a préparé* les gâteaux du dimanche.
Voix passive : les gâteaux du dimanche *ont été* préparé**s** par le pâtissier.

Imparfait :
Voix active : le pâtissier *préparait* les gâteaux du dimanche.
Voix passive : les gâteaux du dimanche *étaient* préparé**s** par le pâtissier.

Plus-que-parfait :
Voix active : le pâtissier *avait préparé* les gâteaux du dimanche.
Voix passive : les gâteaux du dimanche *avaient été* préparé**s** par le pâtissier.

Exercices

Exercice 5. Récrivez les phrases suivantes à la voix passive. Attention à l'accord du participe passé et au temps du verbe.

a. Le professeur accueille les nouveaux étudiants.
   Les nouveaux étudiantes sont accueilles par le professeur.

b. Le Sénégal remportera le match de foot en coupe du monde.
   _____

c. Les Canadiens ont éliminé les Français en quart de finale.
   Les français sont éliminé par les Canadiens en quart de finale.

d. L'arbitre a sifflé toutes les fautes des joueurs de tennis.
   _____

e. Les autorités fermeront le stade municipal pendant les vacances scolaires.
   _____

f. Le comité sélectionnera bientôt le pays d'accueil des Jeux olympiques.
   _____

g. Les pèlerins visitent régulièrement le mémorial de guerre.
   Le mémorial de guerre est visitent régulièrement par les pèlerins.

Exercice 6. Récrivez les phrases suivantes à la voix active en faisant tous les changements nécessaires.

a. Les lauréats ont été reçus par le président du festival du film.
   Le président été reçus les lauréats du festival du film

b. Les épreuves d'examen avaient été écrites par des professeurs qualifiés.
   _____

c. L'usage des emails aurait été interdit par la direction centrale.
   La direction central aurait été l'usage des emails.

d. Les fleurs seront régulièrement arrosées par le jardinier.
le jardinier seront régulièrement arrosées ces fleurs.

e. Les interventions des journalistes auraient été très appréciées par le public.
Le public été très appréciées des interventions des journalistes

f. Les cambrioleurs ont été arrêtés par les agents de police.
Les agents de police ont été arrêtés les cambrioleurs

g. Les téléphones portables en marche n'étaient pas autorisés par le pilote.
Le pilote n'étaient pas autorisés les téléphones portable.

CHAPITRE 6 : LA CORRESPONDANCE

Comme d'autres formes d'écriture, la correspondance requiert des structures grammaticales diverses dont certaines sont fréquentes, comme les phrases avec « si ». Il faut, par conséquent, bien respecter la concordance des temps entre la phrase principale et la subordonnée. Quelques formules de la correspondance formelle ou administrative exigent l'emploi fréquent de certains verbes au subjonctif, qui est introduit par des locutions à reconnaître. Le participe passé, avec ses accords fréquents, est souvent source d'incertitude, et une bonne révision de son emploi vous permettra de rédiger des lettres bien composées et convaincantes.

Les phrases avec « si »

Les structures avec « si » expriment à la fois la condition et l'hypothèse, et le temps des verbes utilisés indique le degré de réalisation de cette condition.

- Lorsque la condition est tout à fait réalisable, la structure « si + présent » est suivie (a) du futur, (b) du présent ou (c) de l'impératif, comme dans les exemples suivants.

(a) *Si Philippe <u>invite Elsa</u> au restaurant, <u>elle acceptera</u> sans hésiter.*
(b) *Si Philippe <u>t'invite</u> au restaurant, <u>tu acceptes</u> sans hésiter.*
(c) *Si Philippe <u>t'invite</u> au restaurant, <u>accepte</u> sans hésiter!*

- Lorsque la condition est encore possible, mais que sa réalisation est incertaine, la structure « si + imparfait » est suivie du conditionnel.

Exemples : *Si l'assistant avait un diplôme, il garderait ce poste à vie.*
Si j'apprenais le français, je pourrais travailler en Suisse.

- Lorsque la condition est impossible, donc irréalisable, parce qu'on ne peut pas changer une situation déjà passée, la structure « si + plus-que-parfait » est suivie du conditionnel passé, comme dans les exemples suivants.

Si la guerre n'avait pas éclaté, les réfugiés n'auraient pas quitté leur pays natal.
Si les voyageurs avaient réservé, le contrôleur ne leur aurait pas donné d'amende.
Si la voiture avait ralenti, il n'y aurait pas eu d'accident.

Exercices

Exercice 1. Complétez les phrases suivantes en conjuguant le verbe entre parenthèses au futur, au présent ou à l'impératif.

a. Si le médecin vous le recommande, (faire/impératif) _____ du yoga !
b. Si le projet vous convient, nous (être/présent) _____ prêts à commencer.
c. Elle ne (se confier/futur) _____ plus à toi, si tu trahis sa confiance.
d. S'il fait beau, les voisins (faire/futur) _____ un pique-nique dans le parc.
e. Si ce livre vous plait, il (falloir/présent) _____ l'acheter sans attendre.
f. (Ne pas investir/impératif) _____ dans ces actions si le marché n'est pas sûr !
g. Nous (partir/futur) _____ avant l'aube, si le chauffeur est d'accord.
h. Si vous lui téléphonez, (dire/impératif) _____ à Cédric d'apporter du pain.

Exercice 2. Complétez les phrases suivantes en conjuguant le verbe entre parenthèses au temps qui convient. Attention au verbe de la structure avec « si ».

a. Adeline viendrait nous voir plus souvent si elle (habiter) _____ plus près.

b. Si cette recette était plus simple, je la (préparer) _____ plus souvent.
c. Si jeunesse (savoir) _____ et si vieillesse (pouvoir) _____, la vie serait plus simple.
d. Mes parents nous (accompagner) _____ à l'aéroport, s'ils avaient une voiture.
e. Je changerais de métier, si je (pouvoir) _____ tout recommencer.
f. Les portables seraient plus efficaces s'ils (être) _____ tous compatibles.
g. Si les impôts étaient plus élevés, les écoles (avoir) _____ plus de moyens.
h. Si la crise (ne pas être) _____ une réalité, il y aurait moins de chômage.
i. (Faire) _____ -vous vraiment le tour du monde si vous gagniez à la loterie?

Les locutions du subjonctif

Les verbes suivis du subjonctif introduisent des propositions subordonnées dont le sens exprime de nombreux contextes différents, comme l'ordre (*exiger, demander*), le souhait ou la volonté (*souhaiter, vouloir, désirer*), le doute et l'incertitude (*douter*), ou le sentiment (*craindre, redouter*). L'obligation, la nécessité ainsi que le jugement et le souhait ou le regret sont souvent exprimés par des locutions impersonnelles comme « il est dommage que », « il est regrettable que », « il est impératif que », etc.

Le subjonctif est aussi présent après certaines locutions de subordination comme celles indiquées dans le tableau suivant.

Les locutions de subordination		
À condition que	De façon à ce que	Malgré le fait que
À moins que	De manière que	Pour que
Afin que	De manière à ce que	Pourvu que
À supposer que	De sorte que	Où que
Avant que	En admettant que	Qui que
Bien que	En supposant que	Quoi que
De crainte que	Jusqu'à ce que	Quoique
De peur que		Sans que

On trouve aussi le subjonctif avec le superlatif d'adjectifs comme *pire, seul, unique, meilleur, premier* et *dernier*, comme dans les exemples suivants.

Pire	C'est la pire expérience que nous n'<u>ayons</u> jamais <u>eue</u>.
	C'est le pire ennemi qui <u>soit</u>.
Meilleur	C'est le meilleur cuisinier que nous <u>ayons trouvé</u>.
	C'est la meilleure nouvelle que nous <u>ayons reçue</u>.
Seul	Le prix Nobel de la paix est la seule récompense qui <u>soit</u> digne de l'humanité.
	Ils ont embauché le seul candidat qui <u>ait su</u> résoudre le problème posé.
Unique	C'est l'unique invité qui <u>ait accepté</u> de faire un discours.
	C'est l'unique ami que nous n'<u>ayons</u> pas <u>pu</u> revoir.
Premier/dernier	Voilà le premier candidat qui <u>vaille</u> la peine d'être considéré.
	C'est la dernière sélection que j'<u>aie</u> à passer.

Exercices

Exercice 3. Complétez les phrases suivantes en conjuguant les verbes entre parenthèses au subjonctif présent.

a. Il faut que (vous/pouvoir) <u>vous puissiez</u> trouver de bonnes questions à poser.
b. Il faudrait que (nous/savoir) <u>nous sachions</u> les réponses aux questions du recruteur.
c. Il est impératif que (tu/faire) <u>tu fasses</u> quelques recherches sur l'entreprise.
d. Il est nécessaire que (elles/dire) <u>elles disent</u> clairement leurs objectifs professionnels.
e. Il est obligatoire que (je/se rendre) <u>je se rende</u> à l'heure au rendez-vous.
f. Il suffit que (ils/avoir) <u>ils aient</u> assez d'assurance pour faire bonne impression.
g. Il vaut mieux que (ils/aller) _____ pas à l'entretien en T-shirt et en jean.
h. Il serait bon que (vous/faire) _____ un courrier en bonne et due forme.

Exercice 4. Complétez les phrases suivantes en conjuguant les verbes entre parenthèses au subjonctif passé :

a. Il est normal que les futurs employeurs (vouloir) _____ s'informer sur votre formation et votre expérience.
b. Il est souhaitable que tu (acquérir) _____ quelques connaissances avant de travailler pour cette entreprise.
c. Je ne crois pas que donner trop de détails sur un CV en (valoir) _____ la peine.
d. Il est regrettable que votre patron (ne pas pouvoir) _____ reconnaitre votre stage professionnel.
e. Il est dommage qu'il (falloir) _____ renoncer à ce poste au bout de six mois.
f. Il est injuste que tous les salariés (devoir) _____ pointer chaque jour à l'arrivée et à la sortie du travail.
g. Il est étonnant que votre entretien (se tenir) _____ dans un café du quartier.
h. Il est surprenant que votre futur directeur ne vous (recevoir) _____ pas dans son bureau.
i. Je ne comprends pas que vous (devoir) _____ parler de votre vie privée à vos nouveaux collègues.

Le participe passé

Le participe passé accompagné de l'auxiliaire être ou avoir, qui s'accorde selon le contexte grammatical, est la forme que vous connaissez le mieux. Cependant, le participe passé employé sans auxiliaire a une valeur d'adjectif et s'accorde en genre et en nombre avec le nom qui l'accompagne.

> Exemple : *Nous nous occuperons immédiatement des dossiers <u>reçus</u> ce matin.*
> Exemple : *Nous, <u>soussignées</u>, Margot et Claire Bonnefoy, déclarons avoir signé un contrat d'assurance voiture.*

Dans ces deux exemples, le participe passé « reçus » est au masculin pluriel car il qualifie le mot « dossiers », et le participe passé « soussignées » est au féminin pluriel comme « Margot et Claire », représentées par le pronom « nous ».

Certains participes passés introduisant et précédant un nom fonctionnent comme des prépositions. Ils ne s'accordent pas et restent invariables. Voici quelques exemples de ces participes passés à valeur de préposition : *vu, approuvé, ci-joint, attendu, passé, certifié, ci-annexé, ci-inclus, compris, entendu, étant donné, y compris, excepté, non compris, ôté, supposé,* etc.

Exemple : *Vu les conditions météorologiques, nous ne sortirons pas ce soir.*
Exemple : *Toutes leurs filles travaillent, excepté Madeleine.*

Les mentions « lu et approuvé… » (suivi d'une date) et « fait à… » (suivi d'un nom de ville et d'une date) que l'on trouve sur les documents officiels sont toujours au singulier si elles concernent l'ensemble du document.

Exemple : *Lu et approuvé le 8 février 2017; Fait à Deauville le 14 juillet 2017*

Exercices

Exercice 5. Faites l'accord des participes passés entre parenthèses dans les phrases suivantes. Tous ces participes passés ont une valeur d'adjectif et s'accordent en genre et en nombre.

a. En été, les touristes (assis) _ont assis_ dans les parcs profitent du beau temps.
b. Les boulangeries (ouvert) _ont ouvert_ le dimanche fermeront le lundi.
c. Les appartements (sécurisé) _ont sécurisé_ seront assurés avec une réduction.
d. Les livres (commandé) _ont commandé_ hier n'arriveront qu'en fin de semaine.
e. On a du retard sur les entretiens (prévu) _____ au centre-ville.
f. Les témoignages (recueilli) _____ ont été enregistrés pour le procès.
g. Malgré des demandes (répété) _____ aucun poste ne s'est ouvert.
h. Les places (réservé) _____ coûtent un peu plus cher mais sont garanties.

Exercice 6. Complétez les phrases suivantes en accordant, si nécessaire, les participes passés entre parenthèses. Attention, les participes passés à valeur de préposition ne s'accordent pas.

a. Les conditions (défini) _____, on a pu signer les contrats.
b. (Vu) _____ les circonstances, nous n'avons pas pu accepter le poste.

c. Tout dans ce menu est délicieux, (excepté) _____ la soupe de poisson.
d. (Ci-joint) _____ les déclarations d'impôts 2016 de tout le personnel.
e. J'ai reçu une lettre (lu et approuvé) _____ par le Directeur des Ressources humaines.
f. (Étant donné) _____ à _____ ma situation, on m'a proposé un horaire souple.
g. Tout a été revu, l'augmentation des salaires (excepté) _____.
h. Ma lettre d'embauche portait la mention (lu et approuvé) _____.
i. Vous trouverez (ci-inclus) _____ toutes les fiches d'inscription.
j. Une fois toutes les tâches (terminé) _____ le bureau fermera.

CHAPITRE 7 : L'EXPLICATION DE TEXTE ET LE COMMENTAIRE COMPOSÉ

Pour expliquer, démontrer, justifier et commenter, il faut des outils précis pour organiser, analyser et illustrer vos propos. L'explication et le commentaire de texte sont des activités de niveau avancé qui demandent non seulement une grande réflexion, mais aussi la connaissance de tournures nouvelles et d'articulateurs spécifiques pour moduler votre texte. Pour apprendre à démontrer, confirmer, infirmer, ou encore exprimer la causalité, la conséquence ou la restriction, savoir identifier les locutions et conjonctions appropriées exige un peu de pratique.

Le « ne » explétif et ses usages

La particule *explétive* **ne** n'est pas nécessaire au sens de la phrase, mais elle est fréquente dans des contextes bien précis et à des fins stylistiques bien définies.

Le **ne** explétif est souvent introduit par des locutions verbales comme *avant que*, *à moins que* et *sans que*.

→ Réagissez avant qu'il **ne** soit trop tard!

→ Je ne viendrai pas <u>à moins que</u> ce **ne** soit indispensable.
→ Il n'a pas voulu venir <u>sans qu'</u>on **ne** l'invite officiellement.

On emploie aussi le **ne** explétif dans les phrases comparatives qui expriment une différence (supériorité ou infériorité).

→ C'était <u>plus</u> compliqué qu'on **ne** le pensait.
→ Les spectateurs étaient <u>moins</u> nombreux qu'on **ne** l'avait annoncé.
→ Son passé était <u>pire</u> qu'il **ne** l'avait imaginé.

Le **ne** explétif est aussi fréquent avec les verbes (*appréhender, avoir peur, craindre, redouter, trembler*, etc.) et les locutions (*de crainte que, de peur que*, etc.) qui expriment la crainte.

→ Le médecin a noté le rendez-vous <u>de peur que</u> le patient **ne** l'oublie.
→ Les agriculteurs <u>redoutent que</u> la tempête **ne** dévaste les récoltes.

Exercices

Exercice 1. Récrivez les phrases suivantes en utilisant le « ne » explétif. Attention au temps et à la conjugaison des verbes.

Modèle : *Je ne vois rien qui/être plus dangereux qu'une guerre mondiale.*
*Je ne vois rien qui **ne soit** plus dangereux qu'une guerre mondiale.*

a. Il n'y a rien qui/être plus grave que la mort.
b. La conférence était plus captivante que/on le pensait.
c. Les spectateurs étaient moins enthousiastes que/on l'attendait.
d. Le stage de formation était pire que/il l'avait imaginé.
e. La nouvelle recette était bien meilleure que/il le prévoyait.
f. Les résultats de ses examens étaient pires que/il le croyait possible.
g. Je ne vois aucune solution qui/être contestée par un parti ou un autre.
h. Il faudra utiliser le vieil ordinateur à moins que/on en recevra un nouveau.

Exercice 2. Récrivez les phrases suivantes en utilisant le « ne » explétif. Attention au temps et à la conjugaison des verbes.

Modèle : *Les mariés redoutent que la météo/interrompre leur réception en plein air.*
*Les mariés redoutent que la météo **n'interrompe** leur réception en plein air.*

a. L'ingénieur a peur que son plan/être rejeté par le comité d'expertise.
b. Le gardien craint que les animaux du zoo/périr dans les températures extrêmes.
c. Les témoins redoutent que le juge/pouvoir entendre leur version des choses.
d. Votre médecin craint que vous/être trop fatigué après ce long voyage.
e. Mon voisin appréhende que son propriétaire/comprendre les circonstances de l'accident.
f. Le pédiatre nous a noté le rendez-vous de peur que nous/être en retard.
g. Les dirigeants redoutent que la Grande-Bretagne/vouloir sortir de l'Union européenne.
h. Les pays d'Europe craignent que l'immigration/redéfinir l'espace Schengen.

Les locutions et les conjonctions pour exprimer la causalité et la conséquence

Causalité	Conséquence
du fait que	c'est pourquoi
vu que	par conséquent
attendu que	en conséquence
étant donné que	ainsi
en tout état de cause	aussi
sous prétexte que	donc
puisque	dès lors
attendu que	si bien que
en raison de	de sorte que
à cause de	à tel point que
sous l'effet de	de (telle) façon que
suite à	au point que
à la suite de	tellement que
à force de	conséquemment
en raison de	tant et si bien que
grâce à	d'où (*whence*)
comme (en début de phrase)	de là (*hence*)

Exercices

Exercice 3. Complétez les phrases suivantes en utilisant les locutions proposées en italique selon le sens et le contexte de la phrase. Plusieurs réponses sont possibles dans certains cas : *à force de, grâce à, par conséquent, si bien que, étant donné que, suite à, comme, à tel point que, vu que.*

a. _____ son niveau de français avancé, on lui a proposé un poste d'interprète.
b. _____ sa voiture ne marchait pas, Patrick a dû prendre le métro.
c. Son médecin lui a recommandé un bilan de santé _____ son taux de cholestérol élevé.
d. Ma camarade de chambre a maigri _____ elle n'a plus que la peau et les os.
e. _____ de faire du sensationnalisme, les médias ne sont plus crédibles.
f. _____ les jours sont courts la nuit tombe sans qu'on s'en rende compte.
g. Géraldine ne s'est pas présentée au rendez-vous _____ elle sera éliminée de la liste des participants.
h. Les progrès sont possibles _____ la technologie, _____ nous en dépendons de plus en plus.

Exercice 4. Reliez les phrases suivantes en utilisant les locutions proposées en italique selon le sens et le contexte. Plusieurs réponses sont possibles dans certains cas : *d'où, à tel point que, à la suite de quoi, par conséquent, donc, vu que, attendu que, à cause de.*

a. Stéphane n'a pas fini son travail/il n'a pas pu aller au cinéma avec ses amis.
b. Fabrice s'est fait beaucoup de souci/il est tombé malade.
c. Séraphin et Ginette se sont disputés/ils sont maintenant fâchés pour la vie.
d. Le ministre n'a pas reçu son passeport/il ne pourra pas se rendre à l'étranger.
e. Je pense/je suis.
f. Laura a travaillé dur durant son stage/elle a eu une promotion bien méritée.
g. La visite a été annulée/des conditions climatiques pénibles.
h. Sa belle-mère n'a pas répondu à l'invitation/elle n'est plus la bienvenue.

Les locutions et les conjonctions pour exprimer la confirmation et la restriction

Confirmation/Addition	Restriction/Concession
à fortiori	bien que
à plus forte raison	à défaut de
ajoutons que	faute de
dans cette perspective	à l'exception de
dans cette optique	au demeurant
d'autant plus que	cependant
de manière générale	en dépit de
de même que	en dépit du fait que
de plus	en tout état de cause
de surcroit	encore que
du reste	hormis
en outre	mis à part
non seulement... mais encore	néanmoins
par ailleurs	on notera que

Exercices

Exercice 5. Complétez les phrases suivantes en utilisant les locutions proposées en italique selon le sens et le contexte de la phrase. Dans certains cas, plusieurs réponses sont possibles : *hormis, néanmoins, à plus forte raison, en dépit de, cependant, en outre, de surcroit, faute de.*

    a. L'avion n'avait pas encore décollé, _____ l'hôtesse demandait déjà aux passagers d'attacher leur ceinture.

    b. _____ beau temps, les enfants ont préféré jouer dans leur chambre.

    c. _____ un bon digestif pour finir le repas, il ne manquait rien à la réception.

d. Je ne suis pas d'accord avec vous _____ je respecte votre point de vue.
e. Que dire _____ ? Le conférencier avait convaincu le public de sa théorie.
f. Sylvie collectionne les pièces de monnaie, _____ elle s'intéresse de plus en plus à la philatélie.
g. Le syndicat ne comprend pas le raisonnement du patronat et _____ sa proposition de réforme sur la loi du travail.
h. _____ d'une vie difficile, Martin avait un regard positif sur la vie.

Exercice 6. Complétez les phrases suivantes en utilisant les locutions proposées en italique selon le sens et le contexte de la phrase. Plusieurs réponses sont possibles dans certains cas : *ajoutons que, de plus, d'autant plus que, non seulement... mais, du reste, de manière générale, de même que, en dépit du fait que.*

a. _____ , la critique négative et gratuite est rarement constructive.
b. La banque nous a accordé un prêt, _____ elle a accepté de nous faire une avance de 500 euros.
c. _____ elle a accepté de venir nous voir, _____ elle a proposé de passer quelques jours avec nous.
d. Le chef d'entreprise n'a pas réussi à convaincre son équipe, _____ ses données étaient plutôt incomplètes.
e. Le professeur a volontiers embauché son ancien étudiant, _____ connaissant sa formation, il était sûr de ses capacités.
f. _____ sa thèse n'était pas encore achevée, Christelle a convaincu le jury de fixer une date de soutenance.
g. _____ , tout de même, que ses qualités de fin gourmet lui ont permis de devenir le plus grand chef de la région.
h. Les livres _____ que les films sont souvent source d'enrichissement.

CHAPITRE 8 : LA DISSERTATION

La dissertation est un travail délicat tant au niveau de l'organisation que de l'argumentation, et c'est sans doute le travail le plus complexe qui vous sera demandé à ce niveau d'études. Se familiariser avec les principaux connecteurs de l'argumentation est essentiel pour un travail cohérent et convaincant. Lors de la rédaction d'une dissertation, il faut aussi avoir à sa disposition des expressions, des tournures et des structures qui permettent un raisonnement méthodique, et les gérondifs et les participes présents et passés en font partie.

Le participe présent simple et le participe présent composé

Le participe présent est une forme verbale reconnaissable à sa terminaison en « ant » qui est formée sur le radical du verbe, qui n'est pas toujours l'infinitif. Exemples : *étant* (être), *ayant* (avoir), *partant* (partir), *allant* (aller), *mangeant* (manger), *devant* (devoir), *finissant* (finir), *prenant* (prendre), *sachant* (savoir), *buvant* (boire), *faisant* (faire), *peignant* (peindre), etc.

Le participe présent composé est une forme passée du participe présent simple. Il est formé de l'auxiliaire être (*étant*) ou avoir (*ayant*) suivi du participe passé du verbe conjugué. Exemples : *ayant été* (être), *ayant eu* (avoir), *étant parti* (partir), *étant allé* (aller), *ayant mangé* (manger), *ayant dû* (devoir), *ayant fini* (finir), *ayant pris* (prendre), *ayant su* (savoir), *ayant bu* (boire), *ayant fait* (faire), *ayant peint* (peindre), etc.

Le participe présent simple est toujours invariable, mais le participe passé du participe présent composé s'accorde en genre et en nombre.

→ *Étant arrivées* en retard, les jeunes filles invitées à l'entretien ont dû reprendre rendez-vous.

Exercices

Exercice 1. Récrivez les phrases suivantes en utilisant un participe présent simple pour relier les deux propositions.

Modèle : La cliente comprend la situation/elle accepte de payer en espèces.
Comprenant la situation, la cliente accepte de payer en espèces.

a. Les randonneurs voient le temps se gâter/ils ont préféré rentrer au camping.

b. L'acteur se rend compte de son retard/il a décidé de se faire remplacer.

c. Le propriétaire n'est pas très habile/il a préféré appeler un spécialiste.

d. Les touristes ne parlent pas polonais/ils ont demandé un guide.

e. Les vacanciers se plaignent du service/ils ont refusé de laisser un pourboire.

f. Les parents d'élèves refusent les changements proposés/ils ont quitté la réunion.

g. Les voisins oublient leur désaccord/ils se sont retrouvés pour la fête de quartier.

h. Les enfants gardent toujours leurs jeux vidéos avec eux/ils ne s'ennuient jamais.

Exercice 2. Mettez les phrases suivantes à la voix passive en faisant tous les changements nécessaires. Attention aux auxiliaires et aux accords des participes passés.
Modèle : *Ayant compris* les difficultés de leurs clients, les banquiers ont proposé des taux d'intérêts plus bas. → Les difficultés des clients *ayant été comprises*, les banquiers ont proposé des taux d'intérêts plus bas.

a. *Ayant vu* tous les patients, le médecin a pu rentrer chez lui.

b. *Ayant entendu* toutes les plaignantes, le juge a mis fin au procès.

c. *Ayant ramassé* les récoltes, le fermier les a mises à l'abri du gel.

d. *Ayant analysé* le rapport, le détective l'a classé sans suite.

_____

e. *Ayant envoyé* sa réponse, le candidat s'est senti confiant sur son avenir.

_____

f. *Ayant* souvent *sollicité* ses électeurs, le candidat à la présidence leur doit beaucoup.

_____

g. *Ayant distribué* tous les colis, le facteur est parti déjeuner.

_____

Le gérondif présent et le gérondif passé

Comme le participe présent, le gérondif est une forme verbale qui se termine en « ant » et qui est formée sur le radical du verbe. Le gérondif est invariable et se distingue du participe présent par la forme « en » qui l'accompagne.

Exemples : *en étant, en ayant, en allant, en buvant, en prenant, en sachant*, etc.

Contrairement au participe passé, le sujet de la proposition où se trouve le gérondif doit toujours être le même sujet que celui de la deuxième proposition.

→ Lucie travaille *en mangeant*. (Lucie est le sujet des verbes *travailler* et *manger*)

Le gérondif est utilisé pour exprimer des contextes divers, comme :

- La simultanéité
  Elsa dessine <u>et</u> elle chante. → Elsa dessine *en chantant*.

- La condition
  <u>Si</u> Jérôme paye sa facture, il n'aura plus de dette.
  → *En payant* sa facture, Jérôme n'aura plus de dette.

- La cause
  Elle n'a pas pu participer au championnat <u>parce qu</u>'elle s'est cassé la jambe.
  → *En se cassant* la jambe, elle n'a pas pu participer au championnat.

- La manière
  Le patient guérira plus vite <u>avec</u> des médicaments.
  → *En prenant* des médicaments, le patient guérira plus vite.

- Le temps
  Assia est arrivée chez elle <u>avant la nuit</u> et elle a téléphoné à ses amis.
  → *En arrivant* chez elle avant la nuit, Assia a téléphoné à ses amis.

- La concession/l'opposition
  L'accusé a été condamné <u>bien qu'</u>il ait avoué la vérité.
  → L'accusé a été condamné *tout en avouant* la vérité.

Le gérondif passé se forme avec le gérondif présent de l'auxiliaire « être » ou « avoir » et le participe passé du verbe. Exemples : e*n étant sorti, en ayant vu, en ayant voulu, en étant tombé*, etc.

→ *En étant partis* plus tôt, les voyageurs ont pu avoir leur correspondance.
→ *En ayant prévu* de ne pas s'arrêter pour déjeuner, ils ont gagné du temps.
→ *En s'étant placés* au premier rang, les spectateurs ont pu voir tous les décors.
→ *En ayant découvert* l'Amérique, les explorateurs ont transformé le monde.

Exercices

Exercice 3. Récrivez les phrases suivantes en utilisant un *gérondif présent* en début ou en milieu de phrase.
Modèle : Elle s'est cassé la jambe/elle est tombée à la patinoire.
Elle s'est cassé la jambe *en tombant* à la patinoire.
En tombant à la patinoire elle s'est cassé la jambe.

a. Antoine a demandé la main d'Annie/Il s'est mis à genoux.
___

b. Steve Jobs a transformé le monde/Il s'est consacré à la technologie.
___

c. Il est plus facile de s'orienter/Il faut utiliser un GPS.
___

d. Marie a pris du poids/Elle grignote devant la télévision.
___

e. Pasteur est devenu célèbre/Il a inventé le vaccin contre la rage.

f. Cédric a gagné le premier prix/Il a participé à un concours de cuisine.

g. Les enfants sont tombés malades/Ils ont pris froid à la patinoire.

h. Richard Drew s'est enrichi/Il a commercialisé le ruban adhésif.

Exercice 4. Récrivez les phrases suivantes en utilisant un *gérondif passé* en début ou en milieu de phrase.

Modèle : Elle a économisé toute sa vie/Pauline a réussi à faire le tour du monde.
E*n ayant économisé* toute sa vie, Pauline a réussi à faire le tour du monde.
Pauline a réussi à faire le tour du monde e*n ayant économisé* toute sa vie.

a. Calliope a décidé de quitter son village natal/Elle a constaté sa solitude.

b. Le nouveau diplômé a choisi de s'expatrier/Il a trouvé du travail.

c. L'élève a réussi au baccalauréat/Il a pu être admis à l'université.

d. Julie a voté aux élections/Elle a fait son devoir de citoyenne.

e. Sa mère lui a remis son cadeau/Elle a pris soin de l'emballer.

f. Le gardien a fermé le zoo/Il a vérifié que tous les visiteurs étaient partis.

g. Le président a été élu/Il a obtenu la majorité des votes.

h. Zola a écrit *Germinal*/Il a posé un regard de sociologue sur la classe ouvrière.

Les connecteurs de l'argumentation

Les connecteurs servent à nuancer vos idées, soutenir vos arguments, développer une explication et faire progresser votre démonstration. Ils sont aussi utiles pour les transitions et l'organisation de votre travail. Consultez la liste de ces connecteurs résumés dans le tableau p. 289 avant de faire les exercices suivants.

Exercices

Exercice 5. Indiquez si les connecteurs suivants expriment un rapport de logique, d'hypothèse ou de conclusion. Modèle : *À supposer que* : connecteur exprimant *l'hypothèse*

a. Dans le cas où : _____

b. C'est ainsi que : _____

c. En définitive : _____

d. En somme : _____

e. En effet : _____

f. Imaginons que : _____

g. Ainsi : _____

h. De ce fait : _____

Exercice 6. Complétez les phrases suivantes en utilisant un des connecteurs logiques proposés en italique : *voilà pourquoi, en admettant que, en fin de compte, dans l'hypothèse où, compte tenu que/de, à moins que*.

Modèle : L'entrée de cette usine est interdite à *moins d'*une autorisation spéciale.

a. Anne pensait avoir raté le métro, _____ elle l'a eu parce qu'il avait du retard.
b. _____ de la crise, le gouvernement n'augmentera pas les salaires.
c. Alice n'assistera pas à la réunion de bureau _____ son patron ne l'exige.
d. Le locataire n'était pas là, _____ le facteur a laissé le colis à la porte.
e. _____ la Grande-Bretagne pourrait sortir de l'UE, il faudra envisager un autre modèle économique.
f. _____ votre époux vienne, pensez-vous qu'il restera diner?

B. MODÈLES DE PRODUCTION ÉCRITE

MODÈLES D'EXPLICATION DE TEXTE

Le Pont Mirabeau (Guillaume Apollinaire)

Ce modèle d'explication n'est qu'une des nombreuses versions possibles d'une explication de texte sur un même poème, mais il donne une idée solide de ce qu'il faut essayer de produire en termes, d'organisation et de contenu.

Le Pont Mirabeau (Guillaume Apollinaire)

Guillaume Apollinaire, auteur de poésie expérimentale et de tendance avant-gardiste, est né à Rome en 1880. Adepte du fauvisme et du cubisme, son œuvre se reconnait à la vitalité de son symbolisme et se veut nouvelle tant par le fond que par la forme. « Le Pont Mirabeau », extrait du recueil *Alcools* publié en 1913, évoque les amours du poète avec Marie Laurencin, avec laquelle il avait coutume de passer la Seine en empruntant ce pont dont l'architecture de la fin du XIXe siècle reste un modèle de technique et d'élégance architecturales.

« Le Pont Mirabeau » est inspiré d'une rupture amoureuse qui reprend les thèmes classiques et traditionnels de la fuite du temps et des amours résignées tout en offrant, avec une simplicité nouvelle, une méditation lyrique d'une modernité inattendue.

Le poème, composé de 24 vers organisés en quatre strophes et d'un refrain repris quatre fois, a tout d'une chanson qui hante le souvenir et envoute le quotidien. Le choix, très symbolique, des 24 vers n'est pas anodin et rappelle les 24 heures d'une journée qui passe. Chaque quatrain est composé de deux décasyllabes qui entourent deux vers de quatre et six pieds qui, ensemble, constituent aussi un décasyllabe. L'absence de ponctuation, les rimes féminines et la brièveté des vers contribuent toutes, à leur façon, à l'expression d'émotions fortes et intenses.

Le premier vers, qui sert en mise de scène et plante le décor dans un lieu précis et concret, évoque déjà les deux thèmes essentiels : celui de l'eau qui s'écoule (« coule la Seine », v. 1) à l'image du temps qui fuit, ainsi que celui du pont (« Le pont Mirabeau », v. 1). Le pont et la Seine, symboles de la permanence, rappellent l'inévitabilité des souvenirs passés (« Faut-il qu'il m'en souvienne », v. 3) et l'idée de la communion amoureuse représentée par le pronom « nos » (« Et nos amours », v. 2). Du point de vue de la structure, l'absence de ponctuation laisse planer l'ambigüité et laisse à penser que le verbe *coule* a deux sujets : la Seine et, comme charriées par ses flots, les amours. L'enjambement (« coule la Seine/Et nos amours » v. 1 et v. 2), qui provoque une rupture du décasyllabe, participe aussi à cette ambigüité tout en apportant un effet de surprise. L'alternance entre l'imparfait et l'adverbe *toujours* exprime la répétition et la succession dans le temps entre la joie et la peine. La nature éphémère de l'amour qui s'éteint à moins qu'on ne garde l'espoir de le ressusciter (« La joie venait toujours après la peine », v. 4) est en contraste profond avec la douleur et la nostalgie qu'éprouve le poète et marque la fin de ce premier couplet.

Le refrain, qui lui-même inspire la permanence par sa réapparition inévitable après chaque strophe, est parallèle au retour fatal de la nuit et des heures qui passent (« Vienne la nuit sonne l'heure », v. 5). Les verbes au subjonctif de ce vers révèlent la résignation devant le temps qui passe tout en créant le même mouvement récurrent que celui du refrain qui conclut chaque strophe. La nuit qui descend, le glas qui sonne sont tous deux aussi lugubres que le désespoir de l'abandon de l'être aimé, pourtant devant cette fuite du temps (« Les jours s'en vont », v. 6), le poète se ressaisit et, par le pronom « je », impose sa présence (« je demeure », v. 6) en prenant conscience que l'espoir peut, éventuellement, défier le temps.

Dans la deuxième strophe, l'imagination ou le souvenir du poète rappelle sa liaison passée et engage un dialogue ponctué d'échanges physiques (« Les mains dans les mains restons face à face », v. 7) dont l'impératif « restons » rappelle une conscience pleine d'espoir. L'arche formée par les bras des amoureux (« le pont de nos bras », v. 9) se matérialise et incarne une durabilité semblable à celle du pont de la Seine et une permanence de l'amour salvateur (« Des éternels regards », v. 10). Les formes plurielles du verbe « restons » et du pronom « nos », symboles de l'union, semblent annoncer une permanence à deux qui est très vite démentie par le refrain qui réintroduit alors le malheureux « je demeure », qui aurait pu être « nous demeurons ». Par ailleurs, la répétition des mots « mains » et « face » confirme qu'il s'agit encore de deux êtres bien distincts et non d'une union permanente ou d'un amour fusionnel. Les places de la préposition « sous » (« Tandis que sous », v. 8) et celle du verbe « passe » sont particulièrement intéressantes, et ces mises en relief semblent attiser le mystère de cette alliance amoureuse sans avenir et annoncer l'ennui (« l'onde si lasse », v. 10). Comme dans la première strophe, le dernier vers de cette strophe présente une ambiguïté due à la versification du poète qui donne le choix entre les interminables regards des deux amoureux si « *des éternels regards* » est le complément de nom de « *l'onde* » ou bien encore l'onde (qui est) si lasse des éternels regards. Les termes « l'onde », « coule », « passe » et « pont » prolongent le rappel de la Seine et donc la métaphore de l'eau et du temps qui fuit, tandis que « éternels regards », v. 10, suggère une contradiction entre la rupture amoureuse, la permanence du pont et la lenteur désespérante du temps.

Note d'espoir ou de lassitude, la rengaine du refrain réapparait immanquablement avant la troisième strophe, qui s'empare de la réalité (« L'amour s'en va comme cette eau courante », v. 11) et fait le constat de l'amoureux désabusé (« L'amour s'en va », v. 12). Ce dernier vers fait écho à « les jours s'en vont » du refrain et reproduit ce mouvement incessant de l'eau qui coule et du temps qui fuit. L'ambiguïté, fréquente dans ce poème, ne fait pas exception dans cette strophe, et le « comme » qui commence le troisième vers de la strophe pourrait être un comparatif (« L'amour s'en va/Comme la vie est lente », v. 12 et v. 13) aussi bien qu'un exclamatif pour exprimer plutôt « combien » la vie est lente et monotone. Lenteur et ennui se mêlent à tristesse et nostalgie et confirment la douleur du poète qui « demeure » inlassablement. L'espoir, cependant, fait vivre et peut sauver de la somnolence de la vie (« La vie est lente », v. 13), et « l'Espérance », v. 14, digne d'une majuscule, rappelle que « La joie venait toujours après la peine », v. 4, et que le renouveau est inaccessible au prix de la douleur (« Et comme l'Espérance est violente », v. 14). La diérèse « vie-est-lente » en « *vi-o-lente* », effet nécessaire pour maintenir un rythme de décasyllabe, insuffle un rythme nouveau qui brise la monotonie des trois premiers vers de la strophe. Les jours qui fuient et emportent avec eux les amours sont soudain conjurés par l'espoir de vivre ou revivre un amour certain et hermétique au temps.

Malgré l'espoir invoqué dans le dernier vers de la troisième strophe, le dépit refait surface dans la dernière strophe. Le poète se rend à l'évidence et se résigne devant l'inéluctable cruauté du temps qui passe (« Passent les jours et passent les semaines », v. 20), le désespoir s'installe avec pour écho les assonances retrouvées dans la répétition du verbe « passent » et la mise en relief de « passé », v. 21. Le temps (« Ni temps passé », v. 21), comme l'amour (« Ni les amours reviennent », v. 22) s'en va, et sa fuite irrévocable ne sera jamais plus que souvenir. L'absence subtile de l'article dans « Ni temps passé » ainsi que la disparition de la négation « ne » ajoutent une impression de hâte qui propulse le poète dans le flux de la Seine et le tourbillon du temps. Le dernier vers de la strophe finale est aussi le premier du poème. Ce retour à la source semble déjouer une conclusion et prolonger la circularité du temps qui passe et se répète. La boucle est bouclée et le motif de l'eau qui coule et du temps qui passe, celui de la permanence du pont immobile dans son éternité, ainsi que le leitmotiv de l'amour désespéré et éphémère malgré l'Espérance et le désir profond de renouveau, peuvent maintenant reprendre leur rythme. Le temps peut continuer son cours fluide et ininterrompu et le poète poursuivre une méditation lyrique qu'il a su rendre originale, moderne, enchanteresse et pérenne au regard d'une thématique classique et familière.

Soir d'hiver (Émile Nelligan)

Le modèle d'explication de texte suivant n'est pas le seul possible, mais il donne une idée précise et organisée d'une explication linéaire claire, cohérente, complète et bien rédigée.

Soir d'hiver (Émile Nelligan)

Émile Nelligan, jeune poète franco-canadien et emblème du symbolisme romantique de la fin du XIXe siècle, est de père irlandais et de mère québécoise. Il naît au Québec en 1879 et connaît une vie artistique et littéraire éphémère ponctuée de troubles émotionnels tragiques dont la mélancolie et l'égarement se reflètent dans l'ensemble de son œuvre. *Soir d'hiver* offre un tableau plutôt coutumier d'un paysage de froid, pourtant les sentiments qui s'en dégagent sont imprégnés d'une sensibilité toute personnelle et d'une profonde intimité.

Cet hommage à l'hiver en quatre strophes constituées de cinq vers est fait de contrastes en noir et blanc et de temps morts rappelés de temps en temps à la vie sous la plume du poète. Dans un décor à la fois lyrique et austère, *Soir d'hiver* est aussi un cri à la vie devant la force de cette nature indépendante et rebelle. Les thèmes prépondérants de la mélancolie, de la solitude, de l'ennui et de la vie qui nous échappe sont mêlés d'appels, de plaintes, d'interrogations et d'exhortations pour revenir à la vie et fuir le carcan de l'ennui et de la mort.

Dès la première strophe, la ponctuation vive et répétée évoque une volonté de faire entendre un appel de détresse (« Ah! comme la neige a neigé! », v. 1) qui s'oppose à cette fenêtre qui l'isole du monde et le garde prisonnier et impuissant. Ce premier vers, grotesque par sa forme et son non-sens, mais poétique par son originalité et sa sonorité, annonce une mélancolie qui pénètrera l'ensemble du poème pour révéler la détresse et la douleur du poète. Cette vitre de glace, dont l'effet miroir reflète la beauté indocile de la nature, est aussi révélatrice du confinement du poète qui connaitra longtemps l'internement. Le malêtre du poète, en accord avec cette nature en noir et blanc à la fois belle et rebelle, semble figer toute envie de vivre en le condamnant à l'inertie comme s'il était lui-même saisi par le givre (« Ma vitre est un jardin de givre », v. 2). À cette métaphore chimérique et dont l'effet miroir rappelle une nature paralysée, succède une réplétion du premier vers dont la ponctuation (points d'exclamation et interjection) confirme la douleur et l'ennui de vivre. Entre la vie et la mort, l'immobilité de la nature semble participer à l'indolence et la langueur du poète suspendu à la vie par un souffle (« Qu'est-ce que le spasme de vivre », v. 4). Ce spasme salutaire qui peut rendre la vie pourrait tout aussi bien être le dernier souffle devant tant de souffrance incessante (« Ô la douleur que j'ai, que j'ai! », v. 5) dont l'intensité est marquée par la répétition lancinante « que j'ai, que j'ai! ». Les sonorités mêmes de cette répétition évoquent un glissement continu dans le gouffre du désespoir que semble connaitre le poète.

Au-delà de la prison de la fenêtre, les premiers sons lugubres et imprononçables de la deuxième strophe saisissent par la rigidité de la nature menaçante qu'ils décrivent (« Tous les étangs gisent gelés », v. 6). Le verbe « gésir », généralement utilisé dans un contexte funèbre, complète le tableau singulier de l'inertie de la nature à jamais paralysée par la glace. Les effets de clair-obscur entre l'éclat de la glace et le désarroi du poète figé (« Mon âme est noire », v. 7) créent un jeu de lumière dont le mouvement se traduit par l'abandon, la solitude et l'égarement (« Où vis-je? où vais-je? », v. 7). Comme les étangs soumis à la brutalité de l'hiver, les espoirs du poète, eux aussi, « gisent gelés ». Miroirs de son tourment et de sa lassitude, les étangs, tout comme les états d'âme du poète, sont impuissants devant l'adversité d'une nature sans pitié. Sous l'emprise de l'ennui et de la peine, le poète est désorienté à en perdre le sens de sa propre personne (« Je suis la nouvelle Norvège », v. 9). Ce changement d'identité confirme son égarement vers une terre inconnue et un avenir incertain. Le poète semble doucement plonger dans un délire qui l'éloigne encore davantage d'une réalité insaisissable. La technique de personnification utilisée dans le dernier vers de cette strophe (« D'où les blonds ciels s'en sont allés », v. 10) apporte une touche finale au sombre tableau de la dérive où toute lueur d'espoir devient impossible.

Hostile jusque-là, la nature se transforme en alliée dans la troisième strophe pour devenir une source de lyrisme désespéré. Elle est prise à témoin et interpelée comme compagne de misère (« Pleurez, oiseaux de février », v. 11). Dans ce paysage sans vie, seuls quelques oiseaux qui semblent avoir oublié de migrer vers des horizons moins néfastes observent cette scène. Malgré l'immobilité de cette nature transie, leurs pleurs répondent à l'unique mouvement de ce poème et que l'on retrouve dans le « frisson des choses », v. 12. Sinistre et terrifiant, ce tremblement est suivi des larmes de glace qu'apporte la répétition (« Pleurez, oiseaux de février », v. 13). La lourdeur des allitérations en « p » de cette répétition reprise une troisième fois dans le vers 14 et la froidure de ce paysage noir et blanc sont soudain allégés par l'unique touche de couleur mêlée de larmes (« Pleurez mes roses », v. 14). Ces pleurs d'oiseaux et de roses, chant funèbre de l'hiver, semblent aussi être un symbole de passion et d'amour, ou encore de vie et de régénération. Cette lueur d'espoir annonciatrice de printemps et de renaissance pourrait bien être signe de dégel et de rappel que le temps passe mais ne s'arrête pas.

La dernière strophe, réplique de la première, réapparait comme un refrain dont la complainte poursuit la triste lamentation du poète. Elle peut être interprétée comme une continuation de l'ennui caractéristique de l'état d'âme du poète, ou comme une symbolique du temps qui passe et qui se répète. Cette dernière vision, qui donne au lecteur et au poète un peu d'espoir au-delà de l'ennui de l'hiver et du désarroi de la vie, reste clé pour la position que le poète doit adopter au regard de la vie.

MODÈLE DE COMMENTAIRE DE TEXTE

Que serais-je sans toi (Louis Aragon)

Ce modèle de commentaire de texte n'est qu'un des nombreux exemples possibles de commentaires de texte sur un même poème, mais il donne une idée concrète et convaincante de ce qu'il faut tenter de réaliser.

Que serais-je sans toi (Louis Aragon)

Aragon, dont le nom est aujourd'hui indissociable de celui d'Elsa Triolet, est l'auteur du recueil *Le Roman inachevé*, un long chant d'amour écrit en 1956. « Que serais-je sans toi », ultime hommage à Elsa, son inspiratrice, est extrait de cette œuvre et fait partie des plus belles révérences à la femme, la muse et l'égérie à l'origine de toute création poétique.

Le poème se déroule sous forme de questionnements et de réponses qui libèrent le poète du carcan de l'angoisse de la vie et de la mort pour le mener vers une inspiration poétique illuminée par l'être aimé. Chaque strophe de ce poème marque la transformation du poète vers une destinée nouvelle guidée par cette muse à la fois mère et amante, et la métamorphose qui s'opère par la magie des pouvoirs d'Elsa se conclut par un cantique à la gloire de cette muse.

Composé de trente alexandrins regroupés en cinq sizains, cet hymne à l'amour parcourt le destin du poète délivré de la solitude et du désespoir au moment où l'amour, source de métamorphose et de résurrection, croise sa destinée (« qui vins à ma rencontre », v. 3). Avec pour titre une question rhétorique, « Que serais-je sans toi », qui sert de préambule à une rétrospective sur la vie du poète, est un chant au refrain émouvant qui retrace et offre à l'imagination les étapes de la vie du poète en proie au tourment et à l'angoisse d'une vie sans but et sans passion. Cette quête du sublime pour échapper au sort de l'incompris (« celui qui sait seulement être contre », v. 1) et à la fatalité du vaincu (« celui qui sur le noir parie à tout moment », v. 2) se fera par une « rencontre », un moment prémonitoire de transcendance et de métamorphose.

Dès les premiers vers, l'aspiration du poète à échapper au gouffre du désespoir et de l'oubli se profile dans l'évocation de métaphores sombres et inertes telles celles d'un « cœur au bois dormant » (v. 5) ou d'une « heure arrêtée au cadran de la montre » (v. 4). La vie de ce poète sans avenir (« Un bonhomme hagard qui ferme sa fenêtre », v. 7), sans voix et sans paroles (« ce balbutiement », v. 6) évoque une existence vouée à la nostalgie et au regret (« Le vieux cabot parlant des anciennes tournées », v. 8) qui ne connaîtra que l'humiliation, la souffrance et la fin inévitable (« le cheval couronné », v. 12). Après une série de rappels lugubres évocateurs du vieillissement et de la mort (« Un bonhomme hagard », v. 7; « Le vieux cabot », v. 8) et l'absence de légitimité sur cette terre (« L'escamoteur », v. 9), une terminologie dépréciative dont le registre ne relève plus de l'humain, mais du monde matériel (« je n'étais qu'une pierre », v. 15) et animal (« le cheval », v. 12) prend le relais pour traduire l'insignifiance de l'homme sans raison d'être. Cette condamnation du poète sans voix n'est pourtant pas irréversible et une lueur d'espoir lui permet d'entrevoir un passé déjoué (« Je vois parfois celui que je n'eus manqué d'être », v. 10) au regard d'une âme salvatrice (« Si tu n'étais venue changer ma destinée », v. 11) qui l'ancrera dans une destinée meilleure (« Ma gloire et ma grandeur seront d'être ton lierre », v. 16) dont l'inertie (« une pierre », v. 15) sera remplacée par la vie (« ton lierre », v. 16), la métamorphose (« Si tu n'étais venue changer ma destinée », v. 11) et enfin la résurrection (« Et n'avais relevé le cheval couronné », v. 12).

La muse salvatrice, incarnée pas Elsa, à la fois amante, mère, guide et initiatrice, se révèle par les pouvoirs que lui confère le poète soumis à la magie de son amour. C'est par ce pouvoir démesuré et rédempteur de l'être aimé que le poète s'ouvre à la vie (« J'ai tout appris de toi sur les choses humaines » v. 19) et se laisse guider (« Tu m'as pris par la main dans cet enfer moderne », v. 28) vers des horizons meilleurs et prometteurs. L'éducation sentimentale du poète, véritable quête de soi (« J'ai tout appris de toi pour ce qui me concerne », v. 25), est aussi bien une révélation des choses simples (« Qu'il fait jour à midi, qu'un ciel peut être bleu », v. 26) qu'une initiation au monde physique et universel (« Comme on lit dans le ciel les étoiles lointaines », v. 22). L'éveil à la vie passe de l'apprentissage des plaisirs premiers du corps (« comme on boit aux fontaines » v. 21) à la découverte des émotions du cœur (« J'ai tout appris de toi jusqu'au sens de frisson », v. 24). Cette rencontre, à l'aube d'un bonheur nouveau, semble rapprocher le poète et sa muse tout en croisant leurs destinées comme l'illustrent les mouvements de va-et-vient entre les pronoms « je/me » et « toi/tu » et les rimes embrassées (abba) de la dernière strophe. Ces destins entrelacés, miroirs d'un amour unique, mais partagé, se reflètent presque dans le schéma des rimes croisées (abab), embrassées (baab) et plates (aabb) de ce poème dont les sonorités conjuguent assonances (« être deux », v. 29 et « heureux », v. 30 ; « chanson », v. 23 et « frisson », v. 24) et allitérations (« <u>Je te</u> dois tout, <u>je</u> ne suis rien que <u>ta</u> poussière », v. 13).

C'est au nom d'une profonde gratitude que le poète chante sa muse (« Je te dois tout je ne suis rien que ta poussière », v. 13) et lui promet son allégeance (« Le fidèle miroir où tu te reconnais », v. 17) et son attachement immortel (« Ma gloire et ma grandeur seront d'être ton lierre », v. 16).

Une fois la métamorphose achevée, le poète embrasse son épanouissement à la vie célébré par les rimes aériennes des voyelles ouvertes de « bleu » (v. 26), « deux » (v. 29) et « heureux » (v. 30), et il s'éloigne de son lugubre passé tourmenté par les lourdes sonorités en -*erne* des mots « concerne » (v. 25), « taverne » (v. 27) et « moderne » (v. 28) de la dernière strophe. De retour à la vie sous l'égide d'Elsa, le poète chante et célèbre sa muse. Telle une déesse inspiratrice, Elsa, la fée salutaire qui l'a délivré de « cet enfer moderne » (v. 28), se matérialise en être suprême. Les amants, dont la fusion a su transcender le sens de la vie, atteignent enfin le bonheur (« comme un amant heureux », v. 30). Le poète reprend gout à la vie dans la passion, la plénitude de l'inspiration, l'incantation à la vie, l'hymne à l'amour (« Comme au passant qui chante, on reprend sa chanson », v. 23), seules échappatoires devant l'angoisse de la mort.

MODÈLES DE DISSERTATIONS

Les modèles de dissertations suivants ne sont que quelques exemples de réflexions sur des sujets inspirés des textes des chapitres 7 et 8. Les sujets proposés ont été développés à partir de thèmes majeurs discutés dans ces textes.

L'Homme (Jean Rostand)

Sujet : Jean Rostand conclut dans ce texte qu'« En fin de compte, les poupées et les soldats de plomb n'auraient-ils pas presque autant de responsabilité que les hormones dans la différenciation psychique de l'homme et de la femme ». Commentez cette conclusion en donnant votre point de vue sur la question, et illustrez votre argumentation avec des exemples concrets.

L'Homme (Jean Rostand)

La question que Jean Rostand soulève en 1941 et selon laquelle « les poupées et les soldats de plomb n'auraient-ils pas presque autant de responsabilité que les hormones dans la différenciation psychique de l'homme et de la femme » est un débat de longue date qui cherche encore une réponse tant sa problématique est à ce jour irrésolue. C'est, en effet, tout le débat du rapport entre l'inné et l'acquis ou encore du mystère nature/culture qui entoure encore les différences entre les deux sexes. Notons, tout de même, que l'auteur spécifie qu'il s'agit de « différenciation psychique », soumise aux effets de l'éducatif et du culturel, et non biologique. Cette précision semble nous inviter donc à distinguer entre la notion de genre et de sexe afin d'engager un débat juste et cohérent.

    Pour apprécier le propos de l'auteur dans toute son ampleur et y apporter un jugement construit et informé, il convient d'examiner trois questions essentielles. Tout d'abord, considérer la dichotomie entre l'inné et l'acquis et expliquer la différence entre les notions de sexe et de genre, puis s'intéresser à la théorie du genre, qui pourrait être la clé du débat proposé.

    Le débat concernant la part de l'inné et de l'acquis n'est pas récent et les avancées scientifiques, doublées de nombreuses recherches sur la question, semblent distinguer de plus en plus clairement entre ces deux notions et séparer les éléments qui appartiennent à l'un ou à l'autre de ces deux domaines. Au-delà de l'appartenance ou du choix sexuel, qui relève d'un débat parallèle, la division des rôles entre hommes et femmes se dessine, dès l'enfance, de manière relativement systématique dans la plupart des situations, en faveur des hommes, créant un déséquilibre dans le domaine des droits, par exemple. Qu'elles trouvent leur origine dans des différences avérées ou pas, les représentations sociales qui incarnent ces différences n'ont pas lieu d'être exploitées et de conduire à des inégalités qui perpétuent la domination d'un sexe sur l'autre. Les clichés relevés par Jean Rostand et selon lesquels l'homme serait perçu comme « plus créateur, plus constructeur, plus apte aux études scientifiques; la femme, plus intuitive, plus artiste » ou encore « plus agressif, plus orgueilleux, plus nomade, et la femme, plus timide, plus coquette, plus sensible », bien que contestables, se résument souvent à un rapport de force qui se conclut en une forme d'autorité de l'homme sur la femme.

S'il était effectivement vérifiable que ces caractéristiques font partie de ce qui définit l'homme et la femme, il n'en est pas moins vrai que ces différences sont cultivées par l'appareil social et éducatif au bénéfice de l'homme et au détriment de la femme. Désormais perçus comme des stéréotypes exacerbés par des faits de culture et de société, il n'est pas rare que ces prétendus attributs se transforment en sanction, comme dans le domaine scolaire et celui des sciences en particulier. Pourtant, il est maintenant prouvé que lorsque les filles se montrent moins performantes que les garçons dans le domaine des mathématiques, elles souffrent plus d'un handicap psychosocial que biologique. Alice Eagly, auteur de la *Théorie des rôles sociaux*, et Glenn Doman, spécialiste en neurophysiologie, travaillent sur les méfaits de ce « darwinisme social » que Jean Rostand appelle les « deux artificiels sociaux » que sont l'homme et la femme. Lorsque Simone de Beauvoir a déclaré « on ne naît pas femme, on le devient », elle annonçait déjà l'importance de bouleverser les prédicats de la socialisation telle qu'elle existe encore de nos jours. Les livres de classe, instruments de notre éducation, boudaient, il n'y a pas si longtemps, les modèles féminins dans le domaine des sciences, de l'art et de la littérature. George Sand, entre autres, n'est qu'un exemple de cette distribution des rôles et des attentes sociales si peu généreuses à l'égard des femmes. Il faut visiter la maison natale de Mozart pour découvrir qu'il avait une sœur, Maria Anna Walburga Ignatia, « Nannerl » de son diminutif, qui était aussi jugée prodige, mais est restée dans l'ombre d'une société qui ne lui a pas fait de place.

Le phénomène biologique de différenciation sexuelle, tel qu'on l'observe chez tous les mammifères, est bien différent de la notion du « genre » qui est façonnée et définie par la socialisation et l'éducation. Le « genre » est le résultat d'un comportement social qui se définit par la relation entre les deux sexes, et c'est dans le cadre de cette relation qu'il faut effacer, non pas les différences entre l'homme et la femme, mais les inégalités qui en découlent. En ce sens, il semblerait que « la théorie du genre » pourrait être un premier pas vers cette initiative d'équilibre entre la place et les rôles des hommes et des femmes en tant que partenaires sociaux. La théorie du genre, dont le but n'est pas de nier les différences entre hommes et femmes, éclaire de plus en plus sur le caractère arbitraire de certains rôles, de certaines professions et de certaines attentes sociales pour les femmes, comme le ménage ou le secrétariat plutôt que la mécanique et les sciences. Cette remise en question des relations hommes/femmes dans le domaine professionnel, par exemple, invite à une réflexion sur l'égalité des chances, des salaires et des droits dans la sphère sociale.

Le « genre » est une construction sociale du sexe physique, mais elle n'en dépend pas. Certes, de nombreux progrès ont déjà été faits, notamment au sein des couples, qui en comprennent la nécessité pour une vie équilibrée. Ces progrès et cette prise de conscience doivent continuer et s'étendre au-delà de l'initiative individuelle du couple pour pénétrer les zones de résistance collective qui se manifestent librement dans le domaine des médias et de la publicité en particulier. Redéfinir les rôles sociaux implique une redéfinition de ce que représente la femme dans l'univers de l'homme à travers l'histoire. Que ce soit dans le rôle de partenaire intime ou professionnelle, la femme doit cesser d'être un instrument, un objet et une présence secondaire. Elle doit faire partie intégrante d'une société où les femmes, comme les hommes, peuvent jouer un rôle complémentaire, mais égal. La socialisation et l'éducation sont au cœur de tout apprentissage, l'apprentissage est au cœur de toutes les disciplines, et la redéfinition des rôles sociaux au cœur d'une société égalitaire.

Lettre ouverte à M. Alphand (Les artistes contre la tour Eiffel)

Sujet : Dans cette lettre ouverte, de nombreux artistes, scandalisés par le projet, affirment que « la tour Eiffel, dont la commerciale Amérique elle-même ne voudrait pas, c'est, n'en doutez point, le déshonneur de Paris. » Que pensez-vous de leur réaction et de leur appréciation ? Selon vous, l'art a-t-il pour seule fonction d'être « beau », et que signifie la notion de « beau » ? Donnez votre point de vue en basant votre argumentation sur des exemples concrets.

Lettre ouverte à M. Alphand (Les artistes contre la tour Eiffel)

La question sur la fonction de l'art et la notion du « beau », de nos jours comme à l'époque de Gustave Eiffel, se pose dans des contextes divers et remet souvent en question la place de l'art dans la société et le quotidien de chacun. Or, ce n'est pas le critère utilitaire ou fonctionnel de l'art qui est au centre de la protestation signée le 17 février 1887 par ce groupe d'artistes dont l'indignation s'est fait entendre dans le journal *Le Temps*. Cette lettre ouverte à M. Alphand, directeur de l'exposition, pour protester contre la monstrueuse tour qui deviendra un symbole artistique et une empreinte culturelle presque universellement identifiable, semble critiquer sa valeur esthétique au sein de la ville de Paris. Cette polémique s'inscrit dans le cadre prédéfini de ce que Paris représente déjà et devrait continuer à représenter selon une esthétique prédéterminée qui a prédécédé et façonné Paris jusqu'à la fin du XIXe siècle. La prise de position est claire pour ces artistes convertis à une certaine vision de l'art, pourtant, la définition et le sens du « beau », tel qu'ils les délimitent dans leur manifeste, appellent à un débat qui nous permettra de mieux comprendre ce que « beau » signifie vraiment et ce que l'art représente vraiment au regard de la vie et des hommes.

Si l'on a tendance à attribuer à la science la technique et le savoir théorique générés à des fins d'améliorations économiques, sociétales et vitales, il n'en est pas de même pour l'art, dont le but se résume parfois trop vite à sa seule valeur esthétique. Or, peut-on dire que l'art est à lui seul un domaine dénué de technique et de science au point de n'exister que pour être « beau »? En effet, l'émotion esthétique, à la fois universelle et individuelle, est une réaction qui appelle aux sens — parfois au jugement — devant un idéal, et cette contemplation artistique ne doit exclure en rien ce qui est à l'origine de son existence. Lorsqu'on dit de la nature qu'elle est « belle », que le coucher de soleil est « beau », s'agit-il du même sens du « beau » que celui d'un tableau de Van Gogh ou d'une statue de Rodin? Les critères d'évaluation de cette beauté subjective et socioéducative sont-ils les mêmes? Enfin, quel est cet instrument de mesure que l'on semble tous avoir en main pour exprimer l'esthétiquement « beau »?

Pour comprendre l'esprit du « beau » tel que nous le recevons à titre individuel ou collectif, nous tenterons de répondre à ces trois questions majeures dans l'esprit de Paul Valéry, qui déclare que « C'est en 1900 que le mot Beauté a commencé à disparaitre, il a été remplacé par un autre mot, qui, depuis, a fait son chemin, le mot Vie ».

La première question soulève la problématique du réel et de la représentation du réel par l'art. En effet, lorsque l'artiste choisit de représenter le réel, il fait en sorte que le beau transcende le réel et que le quotidien et le banal s'embellissent parce que « L'artiste est la main qui par l'usage convenable de telle ou telle touche met l'âme humaine en vibration » comme l'énonce Vassily Kandinsky. Il semblerait que cette « âme humaine en vibration » soit à l'origine de l'expression de l'émotion esthétique qui nous fait déclarer que telle ou telle œuvre d'art est « belle ». L'art serait donc étroitement lié à la vie et à la perception qu'on en a, au point où il serait une prolongation de l'existence même. Ainsi le coucher de soleil qui nous met en émoi prend-il tout son sens lorsqu'il est perpétué par l'œuvre d'art qui en extrait et interprète l'émotion au-delà du réel. L'art, semble-t-il, serait l'essence de l'homme et l'artiste aurait pour fonction d'exalter le réel pour dépasser les limites de nos sens, dont l'imagination et la créativité sont muettes. Selon les mots d'Auguste Rodin, « L'art, c'est la plus sublime mission de l'homme, puisque c'est l'exercice de la pensée qui cherche à comprendre le monde et le faire comprendre », et c'est dans cette compréhension partagée que le beau se définirait.

Qu'elle soit individuelle ou universelle, la notion du « beau » semble répondre à des critères d'évaluation subjectifs et socioculturels, et ces notions évaluatives nous permettraient de déterminer le « beau » de manière concertée. Lorsque l'appréciation semble individuelle au sens où un seul être est capable de se reconnaitre dans un jugement personnel, l'expérience est réduite à l'univers propre de cet individu et confirme ce que le philosophe Alain exprime lorsqu'il constate que « Tous les arts sont comme des miroirs où l'homme connait et reconnait quelque chose de lui-même qu'il ignorait. ». Lorsque cette évaluation esthétique est collective, qu'elle est définie par un groupe et caractérise une communauté, l'effet est le même, mais il revêt un caractère universel. Se pourrait-il donc que le besoin d'expliquer et de comprendre le vécu fasse partie intégrante de notre réception et conception du « beau »? Si l'art permettait de mieux exister, cela confirmerait la pensée de Lavelle selon laquelle « Le propre de l'art c'est de donner une forme à ce monde de possibilités que nous portons au fond de notre conscience ».

Quel est donc cet instrument de mesure que l'on semble tous avoir en main pour exprimer le « beau »? Lorsque les auteurs de la lettre contre l'érection de la tour Eiffel manifestent leur mécontentement, ils ne remettent pas en question la notion d'esthétique, mais plutôt la notion des règles du « beau ». Or, l'art relève du monde des idées et non de celui des préceptes. Il apporte des expériences communes et permet un partage à travers le temps et les cultures. *La Joconde* de Leonard de Vinci, *David* de Michel-Ange, *American Gothic* de Grant Wood, *Le cri* de Edvard Munch, ou encore *Guernica* de Picasso, sont autant d'expériences partagées qui rapprochent les êtres et transcendent le réel. « L'œuvre d'art est un arrêt du temps », nous dit Pierre Bonnard, mais c'est aussi une extension du temps au-delà de l'ici et maintenant. Bien que, dans une certaine mesure, l'appréciation du « beau » soit ancrée dans le culturel et l'acquis, la vie et le sens qu'elle prend ne sont pas toujours entre les mains de l'homme. Cet instrument de mesure émanerait aussi, semble-t-il, de notre besoin de gérer l'ingérable de la vie en le repensant par le biais du filtre artistique. L'art nous permettrait ainsi de représenter et vivre le réel par le subterfuge du « beau », et c'est sans doute ce que Manet signifie lorsqu'il rappelle que « La vérité est que l'art doit être l'écriture de la vie. »

L'art d'hier, d'aujourd'hui et de demain restera l'expression d'une époque, d'une vision et d'une société toujours en transition. Il continuera à traduire la vision de réalités nouvelles et à interpréter le changement de ces dernières. L'homme du XXIe siècle se reconnaitra dans l'art de son temps comme il se reconnait dans celui qui l'a précédé. La création artistique, comme cette tour autrefois grotesque pour certains, donne vie à nos rêves, confronte nos angoisses en exorcisant le réel et tisse les liens de l'humanité. Selon Jean-Marie Guyau, « le génie artistique et poétique est une forme extraordinairement intense de la sympathie et de la sociabilité, qui ne peut se satisfaire qu'en créant un monde nouveau, et un monde d'êtres vivants. Le génie est une puissance d'aimer qui, comme tout amour véritable, tend énergiquement à la fécondité et à la création de la vie ».

Le siècle de la peur (Albert Camus)

Sujet : Selon Albert Camus, « Notre XXe siècle est le siècle de la peur ». Que pensez-vous de cette déclaration? Rappelez, à la lumière de ce texte, la perspective de l'auteur, puis donnez votre point de vue en basant votre argumentation sur des exemples concrets.

Le siècle de la peur (Albert Camus)

Le texte d'Albert Camus, écrit au lendemain de deux guerres mondiales, a un regard admirateur et nostalgique sur les siècles qui ont précédé la révolution industrielle. Camus résume ces siècles à leurs victoires scientifiques face aux dangers potentiels d'une société à la raison fragile et inconstante. Le XVIIe siècle brille par la gloire des mathématiques sur l'irrationnel, le XVIIIe par la gloire des sciences physiques sur le dogmatisme, et le XIXe par la biologie et sa victoire sur la mortalité de l'homme. Le XXe siècle, lui, ne semble se résumer qu'à la démission et la peur devant l'engagement individuel et collectif.

Il serait pourtant erroné et réducteur de ne pas rappeler que chaque époque a eu sa part de défaites, de crainte, de destruction et de résignation devant l'homme et son avenir. La mortalité, l'inégalité, l'esclavage, la violence et donc la peur sont autant l'apanage des siècles précédents que du XXe siècle. En effet, selon Stephen Pinker, scientifique américain, le XXe siècle est de loin le siècle le moins violent de notre histoire, malgré des guerres encore trop proches de notre souvenir. Affirmer que la technique de la peur, qui revêt des apparences multiples, n'est pas le propre d'une époque et hante la condition humaine depuis la nuit des temps semble, par conséquent, raisonnable. Devant cette affirmation, se posent deux questions majeures : tout d'abord, celle de la modalité de cette technique de la peur et de sa manifestation dans la deuxième partie du XXe siècle et à l'aube du XXIe siècle, et ensuite celle du besoin de « la considérer comme l'un des premiers éléments de la situation, et d'essayer d'y remédier » par la raison et la réflexion comme le suggère Camus.

Avant d'entamer le débat et de tenter d'apporter une réponse aux questions soulevées, il serait bon de remettre en contexte le texte de Camus. Cet essai philosophique, en réponse à une Europe déchirée par des idéologies qui ont mené les peuples à s'entretuer, appelle à dépasser la peur et à en contourner les griffes. En contemplant la voie de l'engagement pour protéger l'homme contre ses semblables et éviter de répéter les horreurs de la guerre et l'avilissement de l'être humain, on peut, en effet, résister à la technique de la peur. Mais qu'en est-il de la période d'après-guerre que n'a pas connue Camus et du « langage de l'humanité » évoqué par Camus? A-t-on appris, depuis, à dépasser les déterminations de nos instincts et à se rapprocher de l'être perfectible si cher à Rousseau? Avons-nous identifié la peur de notre siècle pour savoir la repousser et reconnaître la voie de l'engagement nécessaire à notre survie?

Le XXe siècle que n'a pas connu Camus est celui d'une Europe unie et qui tourne le dos à la guerre et à la division, celui d'une Europe sans frontières qui appelle à l'égalité des chances et au partage, celui d'une unité au-delà des nations jadis en rivalité. Certes, cette unité n'est pas sans problèmes et reste source de protestations et de mécontentements. Elle n'est pas non plus, loin de là, le reflet d'autres parties du monde où la peur et la violence persistent et sont le quotidien de nombreux peuples en détresse. En toile de fond, et rassemblant les diverses parties de la planète, la mondialisation, cette nouvelle révolution embrassée par certains et décriée par d'autres, a surpris notre fin de siècle. Cette transformation soudaine pourrait représenter plus que jamais « le monde de l'abstraction, celui des bureaux et des machines, des idées absolues et du messianisme sans nuances » que décrit Camus. La mondialisation, phénomène soudain dont les méfaits sont encore méconnus, déguise-t-elle aussi « des forces aveugles et sourdes » ou bien est-elle l'écho d'un monde meilleur et plus équitable?

Rendu possible par les nouvelles techniques de communication, ce rapprochement économique des nations est aussi le rapprochement des populations qui, maintenant, partagent un espace dense à la fois accessible et impénétrable. Les moyens informatiques permettent aujourd'hui une connaissance du monde sans limites et une information distribuée et reçue en temps réel. Les réseaux de communication, eux, permettent une proximité et des échanges autrefois impossibles. Mais l'information instantanée n'est pas la connaissance, et ce monde en collision doit être guidé par la réflexion humaine qui doit guider l'information et en faire une connaissance positive au service du bien commun. Seules des qualités morales telles que la sagesse, la raison et l'humilité pourront nous sauver du gouffre dans lequel nous précipite la globalisation matérielle aux dépens du collectif humain. Ce sont de ces qualités morales « qu'il ne faut pas taire » que parle Camus. La volonté d'éviter la domination gratuite des uns sur les autres, de protéger les peuples et notre planète, nous aidera à lutter contre la marchandisation qui nous pousse à privilégier le matériel sans penser aux conséquences sur les êtres humains, le climat, la nature et la planète tout entière.

La peur évoquée dans le texte de Camus a pris une autre forme et menace par d'autres périls qui ne sont pas irréversibles si la conscience humaine se réveille et réagit à temps. Il faut repenser cette mondialisation monochrome du matériel et harmoniser ses tendances à des fins positives et à long terme pour en faire bénéficier l'individu autant que l'objet. Les réseaux sociaux favorisent et multiplient les échanges, mais ne rapprochent pas forcément. À l'âge où la technologie n'est plus qu'une simple extension du corps, les gens sont plus isolés que jamais et les moyens de communication, bien que nombreux, ont éviscéré les relations humaines. Les liens sociaux, si proches et si nombreux en apparence, ne sont que fantômes et illusions qui cachent une solitude menaçante et pernicieuse. Face aux machines qui repensent nos relations humaines, soyons vigilants et solidaires pour que notre siècle ne soit pas celui de la solitude. Pour cela, osons avoir peur de l'inconnu pour récrire cette mondialisation et faire en sorte de sortir victorieux d'un combat qui risque d'engloutir le tissu de l'humanité tout entière.

Michel Serres nous dit que « Le monde de demain sera autre. Il sera et meilleur et pire. Il sera ce que nous en ferons » et l'histoire est rarement linéaire même si elle se répète parfois par ses mauvais exemples. Les hommes ne sont pas soumis et ne doivent pas être condamnés à la peur. Au contraire, par la raison et la solidarité humaine, ils peuvent choisir une destinée meilleure comme ils ont su le faire tout à travers l'histoire. Il n'y a pas si longtemps, en réponse aux attentats contre Charlie Hebdo, l'Hyper Cacher et d'autres attaques à Paris et dans d'autres villes européennes, ils ont su s'élever contre la peur en disant « Je suis ».

C. CORRIGÉ DES EXERCICES DU CAHIER DE L'ÉTUDIANT

CHAPITRE 1

Exercice 1, p. 3 : a. Lorsque vous vous êtes réveillé, *qui est-ce que/qu'est-ce que* vous avez vu?; b. Au moment du crime, *qui* était dans la maison avec vous?; c. Savez-vous *avec quoi* on a assommé la victime?; d. *Comment* était habillée la personne que vous soupçonnez?; e. Après la fuite du suspect, *à qui* avez-vous téléphoné en premier?; f. *Qu'est-ce qui* s'est passé avant l'arrivée des gendarmes?; g. D'après vous, *qui* a écrit cette lettre de menaces à votre époux?; h. *Qu'*avez-vous remarqué de différent par rapport à la veille?

Exercice 2, p. 3 : a. *Duquel* viennent-ils?; b. *Avec laquelle* travaille-t-elle?; c. *Auxquels* s'intéresse-t-elle?; d. *Sous lesquels* se sont-ils cachés?; e. *Contre laquelle* avons-nous voté?; f. *Auxquels* a-t-il offert des chocolats?; g. *Pour laquelle* est-il chauffeur?; h. *À laquelle* a-t-il écrit?

Exercice 3, p. 5 : a. Les jeunes de la génération du millénaire parlent volontiers *de* leur intérêt pour la technologie et s'intéressent *à* tous les nouveaux gadgets. Ils savent se servir *de* tous les outils de communication virtuelle et essayent même d'aider leurs parents et grands-parents *à* découvrir ces nouveaux moyens de communication.; b. algré le fossé entre générations, ces jeunes réussissent *à* partager leur savoir et aident les plus âgés *à* se servir *des* réseaux sociaux. Même les moins doués, contraints *de/à* participer, acceptent *de* se mettre à jour, répondent bien *aux* changements et se dépêchent *de* s'adapter *à* leur époque.; c. Leur retard ne les a pas empêchés *de* rattraper les plus jeunes, et beaucoup d'entre eux se sont débarrassés *de* leurs complexes et se sont décidés *à* embrasser ce nouveau style de vie pour profiter *des* avantages qu'il offre. Avec ces réseaux sociaux, aujourd'hui plus personne ne peut oublier *de* souhaiter un anniversaire *à* un ami, *de* remercier quelqu'un, ou encore *de* participer *à* un évènement de groupe.; d. Ces plateformes de communication ressemblent de plus en plus *à* des réunions virtuelles où les débats ne manquent pas *de* se multiplier. Il faut pourtant se soucier *des* règles de politesse et éviter *de* s'occuper *de* ce qui ne nous regarde pas et *de* se mêler *des* affaires des autres. En bref, il ne faut pas manquer *de* discrétion, s'imposer *de* rester courtois et s'en tenir *à* de bonnes intentions.

Exercice 4, p. 6 : a. Les optimistes ont tendance *à* rester positifs, ont besoin *de* s'entourer d'amis, ont envie *de* réussir, ont l'air *de* ne reculer devant rien, et semblent déterminés *à* prendre la vie du bon côté.; b. Les pessimistes, par contre, ont du mal *à* s'ouvrir au monde même s'ils ont parfois envie *de* changer. Ils ont souvent peur *de* s'engager, pourtant ils auraient intérêt *à* se libérer de leurs inquiétudes.; c. Les optimistes ont-ils raison *de* voir la vie en rose et les pessimistes ont-ils tort *de* voir tout en noir? C'est une question à laquelle on a du mal *à* répondre même si on a le temps *d*'en débattre dans l'intention *de* mieux comprendre ces deux profils.

Exercice 5, p. 8 : a. Les films sont *aussi* intrigants *que* les livres.; b. Juliette travaille *moins qu*'Ambre.; c. Les adultes ont *plus de* patience *que* les adolescents.; d. Les cultures sont *aussi* passionnantes *que* les langues.; e. Les personnes âgées prennent *moins de* risques *que* les jeunes.; f. Les filles ont *autant d*'imagination *que* les garçons.; g. Les optimistes sont *plus* heureux *que* les pessimistes.

Exercice 6, p. 9 : a. Les documentaires sont *moins* ennuyeux *que* certains films.; b. Andrée a *autant de* livres *que* sa sœur Élise.; c. Les souris courent *aussi* vite *que* les chats.; d. En hiver, les jardiniers travaillent *moins que* les secouristes.; e. Solène a *plus d*'appétit *qu*'Arnaud.; f. Paula joue *mieux* aux cartes *que* son père.; g. La classe de Mlle Dormières étudie *plus sérieusement* que la classe de Mme Galone.

Exercice 7, p. 9 : a. Paul et Valérie sont *les plus* sérieux *de* la classe.; b. Cette pièce de théâtre est *la moins* célèbre *de* l'année.; c. Montréal est la ville *la plus* peuplée *de* la province de Québec.; d. Nicole est *la mieux* classée *de* sa promotion; e. C'est la comédie *la meilleure de* la saison/c'est *la meilleure* comédie *de* la saison.; f. Roland est *le moins* bien noté *de* son groupe.; g. Nos coureurs sont *les moins* rapides *de* la compétition.

CHAPITRE 2

Exercice 1, p. 12 : a. Les champs *verts* luisaient sous la première pluie printanière.; b. C'est une créature *molle* sans aucune ambition.; c. On me chantait des chansons *douces* quand j'étais enfant.; d. Mes voisines de palier ne sont pas toujours très *discrètes*.; e. Mesdames, veuillez faire votre rapport et *soyez brèves* je vous prie!; f. Son attitude *hautaine* ne lui attirait pas beaucoup d'amis.; g. Il faut tenir compte de leurs motifs *principaux* pour comprendre.; h. Sachez que les personnes *peureuses* prennent rarement beaucoup de risques.

Exercice 2, p. 12 : a. Toutes les petites filles d'honneur étaient vêtues de robes *neuves*.; b. Pensez-vous que je doive porter des chaussures *marron* avec ce costume gris?; c. C'est une institution qui rééduque tous les individus *sourds-muets*.; d. Drapée sur son épaule, cette écharpe *violette* lui donnait un air distingué.; e. Tout le monde admirait sa belle silhouette et ses yeux *émeraude*.; f. Après son entretien, Louise n'a plus jamais remis cette chemise *bleu ciel*.; g. L'uniforme comportait une écharpe et un gilet *gris*.; h. Le Petit Chaperon *rouge* portait à sa grand-mère une galette et un pot de beurre.

Exercice 3, p. 13 : a. La *pauvre* femme venait de perdre son mari (figuré, ici pauvre signifie *malheureuse*).; b. Les étudiants *pauvres* s'endettent pour payer leurs études (propre, ici pauvre signifie *sans argent*).; c. Napoléon n'était pas un homme de *grande* taille (propre, ici grand signifie *grand physiquement*).; d. On considère les héros de guerre comme de *grands* hommes (figuré, ici grand signifie *courageux, de valeur*).; e. Cette *sale* affaire l'a conduit en prison pour le reste de sa vie (figuré, ici sale signifie *illégal*).; f. Il faut séparer le linge *sale* et ne pas mélanger les couleurs (sens propre, ici sale signifie *souillé*).; g. Depuis la crise, l'économie connait de *sérieux* problèmes (figuré, ici sérieux signifie *grave*).; h. Les étudiants *sérieux* finissent toujours par réussir (propre, ici sérieux signifie *attentif, travailleur*).

Exercice 4, p. 14 : a. Napoléon était un homme *petit* (taille), le général de Gaule était un homme *grand* (taille), mais les deux étaient de *grands* (courageux/de valeur) personnages de l'histoire de France.; b. Ils travaillaient pour un *maigre* salaire (peu d'argent) et ne parvenaient pas à joindre les deux bouts.; c. Ses bras *maigres* faisaient pitié (mal nourri).; d. Le mauvais temps nous a forcés à passer la *dernière* semaine (semaine finale) de nos vacances dans notre cabanon.; e. Le mois *dernier* (repère temporel) ils ont acheté une résidence secondaire en bord de mer.; f. Sur ce vol, vous n'avez droit qu'à un *seul* bagage (quantité).; g. C'est une femme *seule* (sans relations) et sans attaches.; h. J'ai fait la connaissance des *nouveaux* (récemment arrivés) voisins de mes parents.; i. Elle a toujours des idées *riches* (intéressantes).; j. Les aliments *pauvres* (faibles) en calories ne font pas grossir.; k. Il avait une *sale* (mauvaise) réputation.; l. Il ne faut pas laver son linge *sale* (problèmes de famille) en public.; m. C'est un homme *triste* (malheureux) qui n'a plus goût à la vie.; n. Cette affaire sordide est une *triste* (peu estimable) histoire.; o. Sa *pauvre* (dont la situation est à plaindre) mère l'a quitté après une longue maladie.; p. Cette famille *pauvre* (sans ressources) a du mal à joindre les deux bouts.

Exercice 5, p. 17 : a. En rentrant du cinéma, je *l'*ai rencontré.; b. Mes grands-parents *les* ont tous reçu**s** à l'occasion du jour de Noël.; c. Pour le jour de l'an, mes cousins *nous* ont invité**s**/invité**es** à une soirée dansante.; d. Après la fête, je *les* ai remercié**s** pour leur accueil chaleureux.; e. Ma tante avait oublié de *l'*apporter alors nous avons bu du vin blanc.; f. Mon amie se *le* rappelle encore.; g. Lisette et Carine *l'*ont acheté à leur mère.; h. Tous les soirs je *la* regarde avant de me coucher.

Exercice 6, p. 18 : a. Elizabeth *leur* téléphone une fois par semaine.; b. N'oubliez pas de *lui* rendre les clés du garage.; c. On *leur* a annoncé la naissance du bébé.; d. Alissa *en* a fait la connaissance.; e. La star de rock *lui* a dédicacé son dernier disque.; f. *Y* avez-vous pensé?; g. Gérald *en* a vraiment envie.; h. Je vous *y* retrouve vers 14 heures.

CHAPITRE 3

Exercice 1, p. 19 : a. Quand il *était* jeune, Selim *adorait* camper dans les Pyrénées.; b. Les jeunes mariés *se sont rencontrés* dans un café à Cassis.; c. Toutes mes félicitations!

Vous *avez réussi* à l'examen.; d. Dès que Cédric *a vu* Hasna il *a pris* de ses nouvelles.; e. J'*ai su* par ma sœur que Milène *était* très déprimée à son retour.; f. La grève *a commencé* quand Patrice *a emménagé* à Marseille.; g. Il *pleuvait* à torrents quand le patron les *a convoqués*.; h. Quand Astrid m'*a téléphoné*, je *suis arrivé(e)* à toute vitesse.

Exercice 2, p. 19 : Nous *sortîmes* du village : alors *commença* la féérie et je *sentis* naitre un amour qui *devait* durer toute ma vie. Un immense paysage en demi-cercle *montait* devant moi jusqu'au ciel : de noires pinèdes, séparées par des vallons, *allaient* mourir comme des vagues au pied de trois sommets rocheux. Autour de nous des croupes de collines plus basses *accompagnaient* notre chemin, qui *serpentait* sur une crête entre deux vallons. [...] Le paysan nous *montra* les sommets qui *soutenaient* le ciel au fond du paysage.

Exercice 3, p. 20 : a. Un chemin de pierre à peine perceptible *grimpait* le long de la falaise.; b. La rivière *serpentait* paisiblement à travers la forêt de chênes.; c. Soumises aux rafales de vent, les feuilles mortes *tournoyaient* dans le ciel gris.; d. Depuis la sècheresse, seuls de maigres filets d'eau *s'écoulaient* dans les sous-bois.; e. Amoindrie par les étés torrides, la source ne *jaillissait* plus comme autrefois.; f. De petits sentiers sauvages *dévalaient* les pentes escarpées qui menaient au village.; g. Agitées par la tempête, les grosses vagues écumeuses *se brisaient* sur les rochers.; h. Tel un champ de glace, le lac gelé *s'étendait* lentement au-delà de l'horizon.

Exercice 4, p. 21 : a. Un vent glacial *sifflait* violemment dans les branches des peupliers.; b. L'écho du tonnerre qui *grondait* parvenait jusqu'à notre campement.; c. Comme la pluie *menaçait*, les campeurs ont décidé de rentrer.; d. En été, le soleil *se lève* plus tôt et *se couche* plus tard qu'en hiver.; e. La pluie *clapotait* doucement sur les vitres fermées pour la nuit.; f. Le temps était incertain et le ciel commençait à *se couvrir*.; g. Une grêle incessante *martelait* les toits des maisons de bois.; h. De gros nuages *s'amoncelaient* dans le ciel qui s'assombrissait.; i. Au loin, l'horizon *s'obscurcissait* et annonçait une tempête de neige.; j. À l'annonce du cyclone qui *se déchainait*, les habitants se mettaient à l'abri.; k. Après la pluie, l'arc-en-ciel *éclaircissait* le ciel de ses couleurs pastel.; l. La brume *enveloppait* la cime des montagnes à perte de vue.

Exercice 5, p. 22 : a. Elias travaille à Vancouver *depuis* le début de sa carrière en informatique.; b. Bien qu'il habite assez loin, il arrive *à* l'heure tous les matins.;

c. Son travail l'occupe *de* 8 heures *à* 18 heures et parfois aussi le weekend.; d. *Il y a* cinq ans qu'il a reçu sa titularisation et une belle promotion.; e. *Dès* sa nomination à ce poste, il a compris qu'il resterait au Canada.; f. Sa vie personnelle était très agitée *durant* toute sa période d'essai.; g. *Dès que* son poste est devenu permanent il s'est senti plus en sécurité.; h. Il est maintenant capable de gérer trois réunions *en* une journée.; i. Si tout se passe bien, il espère garder ce poste *jusqu'à* sa retraite.; j. Bien sûr, il ne pourra confirmer cette décision que *dans* 25 ans, c'est-à-dire *au moment où* il terminera sa carrière.

Exercice 6, p. 23 : a. *Aujourd'hui*, c'est dimanche et nous allons fêter l'anniversaire de Mathilde et de Léo.; b. Comme les magasins sont fermés le dimanche, nous avons fait les courses *la veille*.; c. *Au lever du jour*, nous avons constaté que la météo allait être favorable, alors nous avons prévu de déjeuner dehors, ce que nous n'avions pas fait *récemment*.; d. *Auparavant* nous avons mis la table, sorti les chaises et décoré le jardin et la terrasse.; e. *Dans le temps*, nous faisions la cuisine nous-mêmes du hors-d'œuvre au dessert.; f. *De nos jours* et comme beaucoup de gens, nous commandons tout chez le traiteur.; g. Cette économie de temps nous a permis de nous amuser comme nous le faisions *jadis*.; h. *À la tombée de la nuit* tous nos invités sont rentrés heureux de cette belle journée.

CHAPITRE 4

Exercice 1, p. 24 : a. Colette finissait ses valises quand le fleuriste *a sonné* à la porte.; b. Nous espérions inviter notre collègue de bureau lorsque nous *avons appris* sa mutation dans un pays lointain.; c. Les passagers étaient déjà dans le train au moment où on *a annoncé* la grève.; d. Nous étions déjà à l'abri et au chaud quand l'orage *a éclaté* sur la ville.; e. Une grande partie de la forêt était en flammes quand les pompiers *sont arrivés* sur la scène.; f. Où étiez-vous à l'heure où le crime *a eu lieu*, demanda le détective.

Exercice 2, p. 25 : a. Le témoin expliquait aux gendarmes que la veille il *avait vu* les deux hommes retenus au poste de police.; b. On se demandait souvent pourquoi ils *avaient décidé* de s'expatrier si longtemps.; c. Les touristes ne comprenaient pas pourquoi les autorités *avaient fermé* l'accès au musée.; d. Le professeur prétendait que nous *n'avions pas travaillé* suffisamment.; f. Déjà dans leurs costumes de scène, les comédiens ne savaient pas que leur spectacle *avait été annulé*.; g. Les collégiens étaient en retard parce que le gardien *avait oublié* d'ouvrir le portail.

Exercice 3, p. 27 : Le romancier expliquait : « Mon inspiration ne vient pas forcément de mes souvenirs de jeunesse. » « Il me semble souvent, au contraire, que mes idées se trouvent dans les détails de la vie de tous les jours. » Il disait : « Je ne fais pas vraiment attention à ce qui se passe autour de moi, mais la nuit venue, les scènes vécues défilent sous mes yeux comme dans un rêve. » Il révéla : « Mes expériences prennent aussi, parfois, la forme de cauchemars. »

Exercice 4, p. 28 : À la recherche de ses amis, Narcisse appelait pour savoir qui était là et s'il y avait quelqu'un, et Écho lui répondait de sa jolie voix qu'elle était là. Et sans la regarder, il cria que jamais, jamais elle ne penserait qu'il se pourrait qu'il lui donne pouvoir sur lui. Et la voix de la nymphe, entrecoupée de larmes, répéta, suppliante qu'elle lui donnait pouvoir sur elle. Mais déjà, Narcisse s'éloignait.

Exercice 5, p. 29 : a. À la tête d'une grosse entreprise, il arrive toujours à l'heure *en dépit de* la distance qu'il doit parcourir chaque matin.; b. *En revanche*, ses employés ne sont pas tous des modèles de ponctualité *dès l'instant* que leur supérieur est absent.; c. Il a perdu le dossier que je lui ai confié, *désormais* je ne lui confierai plus rien.; d. Nous sommes tous partagés sur ce projet; *d'une part* il nous semble très utile, *d'autre part* son coût nous parait excessif.; e. *Outre* le soutien financier de ce projet, il faudra trouver une responsable pour sa mise en œuvre.; f. *Néanmoins*, nous espérons que le vote pour le projet sera positif une fois que nous aurons trouvé le budget nécessaire pour le mettre en œuvre.; g. Pour trouver ce budget, il faudra *au préalable* organiser une levée de fonds.

Exercice 6, p. 30 : **c.** Le soir de Noël, quand j'avais huit ans, je courais, quelques sous en main donnés par ma mère, à la rencontre d'une épicerie. **a.** Mon trésor ne devait payer que la plus belle orange […]. **h.** Je revenais un peu avant minuit portant dans une main une admirable orange enveloppée d'un papier de soie, dans l'autre un sac de chocolats à faveur rose. […] **e.** Et voici ce qui, rituellement, arrivait : ma mère la tirait de son papier de soie; **b.** tous deux nous en admirions la grosseur, la rondeur, l'éclat; **f.** je prenais dans le buffet un de ces beaux verres à pied en cristal qu'on achetait alors dans les foires […], **d.** je le renversais, le mettais à droite, au bout de la cheminée, et ma mère posait dessus la belle orange. **g.** La pomme d'or prenait ainsi sa place parmi tous nos fétiches […].

CHAPITRE 5

Exercice 1, p. 32 : a. La fille *à laquelle* il s'intéresse ne l'a pas encore remarqué.; b. C'est un monument en haut *duquel* on a facilement le vertige.; c. Le pays *d'où* elle vient a conservé toutes ses traditions ancestrales.; d. Les candidats *auxquels* le directeur a proposé un entretien sont les plus compétents.; e. L'entreprise pour *laquelle* elle travaille risque de fermer à la fin de l'année.; f. Le film *auquel* je pensais t'inviter ne passe plus en ville depuis hier.; g. Les bureaux près *desquels* l'incendie a eu lieu sont maintenant en sécurité.; h. Les actrices *auxquelles* on a remis un prix ont toutes joué un rôle principal.

Exercice 2, p. 33 : a. Le menu *pour lequel* ce chef a reçu une médaille est inimitable.; b. Te souviens-tu du repas *à la fin duquel* nous nous sommes embrassés?; c. Les pierres *entre lesquelles* coule le fleuve sont recouvertes de mousse.; d. Les coureurs *derrière lesquels* ils se sont classés sont de grands athlètes.; e. L'arbre *sous lequel* s'abritent les oiseaux est centenaire.; f. La justice, c'est *ce pour quoi* il faut lutter sans cesse.; g. Un peu de logique, voilà *ce sur quoi* tu dois fonder ton raisonnement.; h. Le dentiste *contre lequel* elle a porté plainte n'est plus recommandable.

Exercice 3, p. 33 : a. Quand il fait chaud on met des toilettes *estivales*.; b. L'année s'est conclue par la présentation des projets *estudiantins*.; c. C'est un institut pour les enfants *muets*.; d. Le bureau des réclamations est pour les clients *mécontents*.; e. C'est une erreur *inadmissible*.; f. À la retraite, mes parents ont visité leur pays *natal*.; g. On ne sent pas les émanations *inodores*.; h. L'eau est un liquide *incolore*.; i. Ce restaurant sert une cuisine *savoureuse*.; j. Dans les hôpitaux on a de nombreux traitements *indolores*.; k. Les élèves *fainéants* vont redoubler leur classe.; l. À la rentrée les parents dépensent beaucoup pour le matériel *scolaire*.; m. Il faut éviter d'avoir un comportement *infantile*.; n. C'est une excellente revue *hebdomadaire*.; o. La Provence est un journal *quotidien*.; p. S'il fait froid, mieux vaut mettre des tenues *hivernales*.; q. C'est un projet *faisable* en très peu de temps.; r. Les animaux *diurnes* sont aussi des prédateurs.

Exercice 4, p. 35 : a. *Le châtelain* accueille souvent les gens du village.; b. J'ai trouvé *un acheteur pour* ma vieille voiture.; c. *La locataire de* la villa sur la plage est une célébrité locale.; d. *Les héritiers* de la maison de campagne nous ont invités à une soirée.; e. *Le champion* du 100 mètres est notre nouveau voisin.; f. *Le trouble-fête* ne sera plus jamais invité chez moi.; g. L'atelier a besoin d'*un apprenti*.; h. Zoé habite avec des *colocataires*.; i. Ce magasin est tenu par *un gérant*.; j. De nos jours, il n'y a presque plus de *forgerons*.

Exercice 5, p. 37 : a. Les nouveaux étudiants *sont accueillis* par le professeur.; b. Le match de foot en coupe du monde *sera remporté* par le Sénégal.; c. Les Français *ont été éliminés* par les Canadiens en quart de finale.; d. Toutes les fautes des joueurs de tennis *ont été sifflées* par l'arbitre.; e. Le stade municipal *sera fermé* par les autorités pendant les vacances scolaires.; f. Le pays d'accueil des Jeux olympiques *sera* bientôt *sélectionné* par le comité.; g. Le mémorial de guerre *est* régulièrement *visité* par les pèlerins.

Exercice 6, p. 37 : a. Le président du festival du film *a reçu* les lauréats.; b. Des professeurs qualifiés *avaient écrit* les épreuves d'examen.; c. La direction centrale *aurait interdit* l'usage des emails.; d. Le jardinier *arrosera* régulièrement les fleurs.; e. Le public *aurait* beaucoup *apprécié* les interventions des journalistes.; f. Les agents de police *ont arrêté* les cambrioleurs.; g. Le pilote *n'autorisait* pas les téléphones portables en marche.

CHAPITRE 6

Exercice 1, p. 39 : a. Si le médecin vous le recommande, *faites* du yoga!; b. Si le projet vous convient, nous *sommes* prêts à commencer.; c. Elle ne *se confiera* plus à toi, si tu trahis sa confiance.; d. S'il fait beau, les voisins *feront* un pique-nique dans le parc.; e. Si ce livre vous plait, *il faut* l'acheter sans attendre.; f. *N'investissez pas* dans ces actions si le marché n'est pas sûr!; g. Nous *partirons* avant l'aube, si le chauffeur est d'accord.; h. Si vous lui téléphonez, *dites* à Cédric d'apporter du pain.

Exercice 2, p. 39 : a. Adeline viendrait nous voir plus souvent si elle *habitait* plus près.; b. Si cette recette était plus simple, je la *préparerais* plus souvent.; c. Si jeunesse *savait* et si vieillesse *pouvait*, la vie serait plus simple.; d. Mes parents nous *accompagneraient* à l'aéroport, s'ils avaient une voiture.; e. Je changerais de métier, si je *pouvais* tout recommencer.; f. Les portables seraient plus efficaces s'ils *étaient* tous compatibles.; g. Si les impôts étaient plus élevés, les écoles *auraient* plus de moyens.; h. Si la crise *n'était pas* une réalité, il y aurait moins de chômage.; i. *Feriez-vous* vraiment le tour du monde si vous gagniez à la loterie?

Exercice 3, p. 41 : a. Il faut que vous *puissiez* trouver de bonnes questions à poser.; b. Il faudrait que nous *sachions* les réponses aux questions du recruteur.; c. Il est impératif que tu *fasses* quelques recherches sur l'entreprise.; d. Il est nécessaire qu'elles *disent* clairement leurs objectifs professionnels.; e. Il est obligatoire que je *me rende* à l'heure au rendez-vous.; f. Il suffit qu'ils *aient* assez d'assurance pour faire bonne impression.; g. Il vaut mieux qu'ils *n'aillent pas* à l'entretien en T-shirt et en jean.; h. Il serait bon que vous *fassiez* un courrier en bonne et due forme.

Exercice 4, p. 41 : a. Il est normal que les futurs employeurs *aient voulu* s'informer sur votre formation et votre expérience.; b. Il est souhaitable que tu *aies acquis* quelques connaissances avant de travailler pour cette entreprise.; c. Je ne crois pas que donner trop de détails sur un CV en *ait valu* la peine.; d. Il est regrettable que votre patron *n'ait pas pu* reconnaitre votre stage professionnel.; e. Il est dommage qu'il *ait fallu* renoncer à ce poste au bout de six mois.; f. Il est injuste que tous les salariés *aient dû* pointer chaque jour à l'arrivée et à la sortie du travail.; g. Il est étonnant que votre entretien *se soit tenu* dans un café du quartier.; h. Il est surprenant que votre futur directeur *ne vous ait pas reçu/reçue* dans son bureau.; i. Je ne comprends pas que vous *ayez dû* parler de votre vie privée à vos nouveaux collègues.

Exercice 5, p. 43 : a. En été, les touristes *assis* dans les parcs profitent du beau temps.; b. Les boulangeries *ouvertes* le dimanche fermeront le lundi.; c. Les appartements *sécurisés* seront assurés avec une réduction.; d. Les livres *commandés* hier n'arriveront qu'en fin de semaine.; e. On a du retard sur les entretiens *prévus* au centre-ville.; f. Les témoignages *recueillis* ont été enregistrés pour le procès.; g. Malgré des demandes *répétées* aucun poste ne s'est ouvert.; h. Les places *réservées* coûtent un peu plus cher mais sont garanties.

Exercice 6, p. 43 : a. Les conditions *définies*, on a pu signer les contrats.; b. *Vu* les circonstances, nous n'avons pas pu accepter le poste.; c. Tout dans ce menu est délicieux, *excepté* la soupe de poisson.; d. *Ci-joint* les déclarations d'impôts 2016 de tout le personnel.; e. J'ai reçu une lettre *lue et approuvée* par le Directeur des Ressources humaines.; f. *Étant donné* ma situation, on m'a proposé un horaire souple.; g. Tout a été revu, l'augmentation des salaires *exceptée*.; h. Ma lettre d'embauche portait la mention *lu et approuvé*.; i. Vous trouverez *ci-inclus* toutes les fiches d'inscription.; j. Une fois toutes les tâches *terminées* le bureau fermera.

CHAPITRE 7

Exercice 1, p. 45 : a. Il n'y a rien qui *ne soit* plus grave que la mort.; b. La conférence était plus captivante qu'on *ne le pensait (qu'on ne l'aurait pensé)*.; c. Les spectateurs étaient moins enthousiastes qu'on *ne l'attendait*.; d. Le stage de formation était pire qu'il *ne l'avait imaginé*.; e. La nouvelle recette était bien meilleure qu'il *ne le prévoyait (qu'il ne l'avait prévu)*.; f. Les résultats de ses examens étaient pires qu'il *ne le croyait possible (qu'il ne l'aurait cru possible)*.; g. Je ne vois aucune solution qui *ne soit (qui ne serait)* contestée par un parti ou un autre.; h. Il faudra utiliser le vieil ordinateur à moins qu'on *n'en reçoive* un nouveau.

Exercice 2, p. 45 : a. L'ingénieur a peur que son plan *ne soit rejeté* par le comité d'expertise.; b. Le gardien craint que les animaux du zoo *ne périssent* dans les températures extrêmes.; c. Les témoins redoutent que le juge *ne puisse* entendre leur version des choses.; d. Votre médecin craint que vous *ne soyez* trop fatigué après ce long voyage.; e. Mon voisin appréhende que son propriétaire *ne comprenne* les circonstances de l'accident.; f. Le pédiatre nous a noté le rendez-vous de peur que *nous ne soyons* en retard.; g. Les dirigeants redoutent que la Grande-Bretagne *ne veuille sortir* de l'Union européenne.; h. Les pays d'Europe craignent que l'immigration *ne redéfinisse* l'espace Schengen.

Exercice 3, p. 47 : a. *Étant donné/grâce à* son niveau de français avancé, on lui a proposé un poste d'interprète.; b. *Comme/vu que* sa voiture ne marchait pas, Patrick a dû prendre le métro.; c. Son médecin lui a recommandé un bilan de santé *suite à* son taux de cholestérol élevé.; d. Ma camarade de chambre a maigri *à tel point qu'*elle n'a plus que la peau et les os.; e. *À force de* faire du sensationnalisme, les médias ne sont plus crédibles.; f. *Vu que/étant donné que/comme* les jours sont courts la nuit tombe sans qu'on s'en rende compte.; g. Géraldine ne s'est pas présentée au rendez-vous *par conséquent* elle sera éliminée de la liste des participants.; h. Les progrès sont possibles *grâce à* la technologie, *si bien que* nous en dépendons de plus en plus.

Exercice 4, p. 47 : a. Stéphane n'a pas fini son travail *par conséquent/donc* il n'a pas pu aller au cinéma avec ses amis.; b. Fabrice s'est fait beaucoup de souci *à la suite de quoi/par conséquent* il est tombé malade.; c. Séraphin et Ginette se sont disputés *à tel point qu'ils* sont maintenant fâchés pour la vie.; d. *Vu que/attendu que* le ministre n'a pas reçu son passeport il ne pourra pas se rendre à l'étranger.; e. Je pense *donc* je suis.; f. Laura a travaillé dur durant son stage *d'où* sa promotion bien méritée.; g. La visite a été annulée *à cause des* conditions climatiques pénibles.; h. Sa belle-mère n'a pas répondu à l'invitation *par conséquent/donc* elle n'est plus la bienvenue.

Exercice 5, p. 48 : a. L'avion n'avait pas encore décollé, *cependant/néanmoins* l'hôtesse demandait déjà aux passagers d'attacher leur ceinture.; b. *Faute de* beau temps, les enfants ont préféré jouer dans leur chambre.; c. *Hormis* un bon digestif pour finir le repas, il ne manquait rien à la réception.; d. Je ne suis pas d'accord avec vous *néanmoins/cependant* je respecte votre point de vue.; e. Que dire *de surcroit*? Le conférencier avait convaincu le public de sa théorie.; f. Sylvie collectionne les pièces de monnaie, *en outre/de surcroit* elle s'intéresse de plus en plus à la philatélie.; g. Le syndicat ne comprend pas le raisonnement du patronat et *à plus forte raison* sa proposition de réforme sur la loi du travail.; h. *En dépit d'*une vie difficile, Martin avait un regard positif sur la vie.

Exercice 6, p. 49 : a. *De manière générale*, la critique négative et gratuite est rarement constructive.; b. La banque nous a accordé un prêt, *de plus* elle a accepté de nous faire une avance de 500 euros.; c. *Non seulement* elle a accepté de venir nous voir, *mais* elle a proposé de passer quelques jours avec nous.; d. Le chef d'entreprise n'a pas réussi à convaincre son équipe, *du reste/d'autant plus que* ses données étaient plutôt incomplètes.; e. Le professeur a volontiers embauché son ancien étudiant, *d'autant plus que* connaissant sa formation, il était sûr de ses capacités.; f. *En dépit du fait que* sa thèse n'était pas encore achevée, Christelle a convaincu le jury de fixer une date de soutenance.; g. *Ajoutons*, tout de même, *que* ses qualités de fin gourmet lui ont permis de devenir le plus grand chef de la région.; h. Les livres *de même que* les films sont souvent source d'enrichissement.

CHAPITRE 8

Exercice 1, p. 50 : a. *Voyant* le temps se gâter, les randonneurs préfèrent rentrer au camping.; b. *Se rendant compte* de son retard, l'acteur décide de se faire remplacer.; c. *N'étant* pas très habile, le propriétaire préfère appeler un spécialiste.; d. *Ne parlant* pas polonais, les touristes demandent un guide.; e. *Se plaignant* du service, les vacanciers refusent de laisser un pourboire.; f. *Refusant* les changements proposés, les parents d'élèves quittent la réunion.; g. *Oubliant* leurs désaccords, les voisins se retrouvent pour la fête de quartier.; h. *Gardant* toujours leurs jeux vidéos avec eux, les enfants ne s'ennuient jamais.

Exercice 2, p. 51 : a. Tous les patients *ayant été vus*, le médecin a pu rentrer chez lui.; b. Toutes les plaignantes *ayant été entendues*, le juge a mis fin au procès.; c. *Ayant été ramassées*, les récoltes ont été mises à l'abri du gel par le fermier.; d. *Ayant été analysé*, le rapport a été classé sans suite par le détective.; e. Sa réponse *ayant été envoyée*, le candidat s'est senti confiant sur son avenir.; f. Ses électeurs *ayant été* souvent *sollicités*, le candidat à la présidence leur doit beaucoup.; g. Tous les colis *ayant été distribués*, le facteur est parti déjeuner.

Exercice 3, p. 53 : a. Antoine a demandé la main d'Annie *en se mettant* à genoux.; b. Steve Jobs a transformé le monde *en se consacrant* à la technologie.; c. Il est plus facile de s'orienter *en utilisant* un GPS.; d. Marie a pris du poids *en grignotant* devant la télévision.; e. Pasteur est devenu célèbre *en inventant* le vaccin contre la rage.; f. Cédric a gagné le premier prix *en participant* à un concours de cuisine.; g. Les enfants sont tombés malades *en prenant* froid à la patinoire.; h. Richard Drew s'est enrichi *en commercialisant* le ruban adhésif.

Exercice 4, p. 54 : a. *En ayant constaté* sa solitude Calliope a décidé de quitter son village natal.; b. *En ayant choisi*, de s'expatrier le nouveau diplômé a trouvé du travail.; c. *En ayant réussi* au baccalauréat, l'élève a pu être admis à l'université.; d. *En ayant voté* aux élections, Julie a fait son devoir de citoyenne.; e. Sa mère lui a remis un cadeau *en ayant pris* soin de l'emballer.; f. Le gardien a fermé le zoo *en ayant vérifié* que tous les visiteurs étaient partis.; g. Le président a été élu *en ayant obtenu* la majorité des votes.; h. Zola a écrit *Germinal en ayant posé* un regard de sociologue sur la classe ouvrière.

Exercice 5, p. 55 : a. Dans le cas où/connecteur exprimant *l'hypothèse*; b. C'est ainsi que/connecteur exprimant *la logique*; c. En définitive/connecteur exprimant *la conclusion*; d. En somme/connecteur exprimant *la conclusion*; e. En effet/connecteur exprimant *la logique*; f. Imaginons que/connecteur exprimant *l'hypothèse*; g. Ainsi/connecteur exprimant *la logique*; h. De ce fait/connecteur exprimant *la logique*.

Exercice 6, p. 55 : a. Anne pensait avoir raté le métro *en fin de compte* elle l'a eu parce qu'il avait du retard.; b. *Compte tenu* de la crise le gouvernement n'augmentera pas les salaires.; c. Alice n'assistera pas à la réunion de bureau *à moins que* son patron ne l'exige.; d. Le locataire n'était pas là, *voilà pourquoi* le facteur a laissé le colis à la porte.; e. *Dans l'hypothèse où* la Grande-Bretagne pourrait sortir de l'UE, il faudra envisager un autre modèle économique.; f. *En admettant que* votre époux vienne, pensez-vous qu'il restera diner ?